Beate Seeßlen-Hurler
Das Beste von MacVollwert

Die Autorin: Beate Seeßlen-Hurler, Jahrgang 1953, studierte Sozialpädagogik, arbeitete zunächst als Kindergärtnerin und Erzieherin; seit einigen Jahren als Redakteurin und freie Autorin tätig; Mutter von drei Kindern.

Beate Seeßlen-Hurler **Das Beste von**

MacVollwert

Rezepte für gesunde und schnelle Naschereien, Snacks und 'Zwischendurchs', die Kinder mögen

scriptor

Dies ist ein Buch aus dem
Büro für wissenschaftliche Publizistik
Dr. Horst Speichert
Emanuel-Geibel-Straße 18, 6200 Wiesbaden
Redaktion: Sylvia Winnewisser

Anregungen und Kritik bitte an diese Adresse.

CIP-Titelaufnahme der Deutschen Bibliothek

Seeßlen-Hurler, Beate:
Das Beste von MacVollwert: Rezepte für gesunde und schnelle Naschereien, Snacks und „Zwischendurchs", die Kinder mögen / Beate Seeßlen-Hurler. - Frankfurt am Main: Scriptor-Verlag, 1989.
ISBN 3-589-20871-6

© 1989 Scriptor Verlag GmbH & Co.,
Frankfurt am Main
Das Werk und seine Teile sind urheberrechtlich geschützt. Jede Verwertung in anderen als den gesetzlich zugelassenen Fällen bedarf deshalb der vorherigen schriftlichen Einwilligung des Verlags.
Umschlagentwurf: Lochmann's Studio,
Frankfurt am Main
Zeichnungen: Harald Schmuck, Frankfurt am Main
Herstellung: Büro für wissenschaftliche Publizistik, Wiesbaden
Satzkonvertierung und Umbruch:
Satzstudio Rainer Will, Wiesbaden
Druck und Bindung: Clausen & Bosse, Leck
Vertrieb: Cornelsen Verlagsgesellschaft, Bielefeld
Printed in West-Germany
ISBN 3-589-20871-6
5 4 3 2 1

Inhalt

Meine schnelle Küche: Voller Wert und wenig Arbeit

Wir leben in einer Welt voller Widersprüche. Das gilt nicht nur für die Politik, sondern auch für den Alltag mit seinen Pflichten und Vergnügungen, Lust und Frust. Und es gilt nicht zuletzt für das Essen.

Da werden unsere Innenstädte immer mehr zu „Einkaufsparadiesen", wo es „alles" gibt. Aber wenn man etwas verlangt, was nicht genormt ist, wird das Einkaufen zum zeitaufwendigen Abenteuer. Überall ist heutzutage von gesunder und vollwertiger Ernährung die Rede. Die Ärzte warnen vor der eingebürgerten fleisch- und fettreichen Ernährung, weil Übergewicht zu Herzinfarkt und anderen Zivilisationskrankheiten führt. Gleichzeitig schießen überall die neuen Schnellimbißketten und Hamburger-Läden aus dem Boden.

Während der größere Teil der Menschheit hungert, futtert sich eine Minderheit in den Industrienationen krank. Gründe? Für viele ist Essen eine Art Beruhigungs- und Trostdroge. Ihr Leben ist so von Versagungen, Langeweile, Ängsten und Verlusten bestimmt, daß die schnelle und billige Tröstung gerne wahrgenommen wird.

Alle Rezepte dieses Buches sind, soweit nicht anders angegeben, für vier Personen berechnet.

7

„Fast Food" („schnelles Essen") entspricht ja auch der Schnelligkeit unseres Arbeits- und Bewegungslebens. Zeit ist knapp – so knapp, daß sogar DER SPIEGEL 1989 darüber eine Titelgeschichte machte. Irgendwo und irgendwie muß man sich in diesem Streß das Gefühl holen, satt zu sein, und zwar mächtig satt. Irgendwo ist natürlich nicht irgendwo.

Der amerikanische Pop-Künstler Andy Warhol sagte es: „Das Schönste an Florenz ist, daß es da eine Mac-Donalds-Filiale gibt."

Fast Food ist allgegenwärtig. Aus einem Bericht der Zeitschrift „Verbraucherrundschau": „Rund 15 Millionen Bundesbürger nehmen täglich eine Mahlzeit außer Haus zu sich. Viele sind jahrelang, oft sogar während ihres ganzen Berufslebens, auf Kantinenessen angewiesen. Fast hundert Milliarden D-Mark setzten die zehn größten Fast-Food-Betriebe 1984 in rund 38.000 Restaurants weltweit um. In jeder Sekunde werden rund um den Erdball 140 „Hamburger" verkauft. In der Bundesrepublik Deutschland werden allein für den Marktführer täglich 66.000 Semmeln produziert und zudem täglich 500 Rinder durch den Fleischwolf gedreht. Von jeder Mark, die der deutsche Verbraucher in Gaststätten ausgibt, wandern heute mindestens 15 Pfennig in die Kassen der Fast-Food-Gastronomie. Die Zunahme des Absatzes an Mahlzeiten in der Gastronomie innerhalb der letzten Jahre läßt sich aus der starken Zunahme im Fast-Food-Bereich erklären", so der Ernährungsbericht.

Alle 17 Stunden, haben andere statistische Erhebungen ergeben, entsteht irgendwo auf der Welt ein neues MacDonalds-Lokal.

Wenn vor allem Kinder eine besondere Freude an Fast Food haben, dann mag das auch mit den Tischsitten daheim zu tun haben. Und wir sollten uns fragen: Geht es bei uns nicht zu streng, zu hierarchisch, zu steif, zu phantasielos bei Tische zu? Haben wir vergessen, daß Essen auch etwas mit Lust zu tun hat und haben muß?

Wenn die Kinder an der Essenszubereitung wenig oder gar nicht beteiligt sind, dann muß sich in ihnen das Gefühl festigen, dem heimischen Essensangebot ausgelie-

fert zu sein. Das gipfelt in der Erfahrung des glück-
licherweise seltener werdenden Satzes: „Gegessen
wird, was auf den Tisch kommt!" Da ist das Fast-
Food-Ambiente ein Ausweg. Hier ist alles standardisiert; man weiß genau, was man bekommt, hat aber
dennoch die Wahl: heute den Ham-, morgen den
Cheeseburger. Fast Food wird ohne persönliche Bezie-
hung serviert. Die Leute, die die Hackfleischsemmeln
oder die Apple-Pies bringen, sind zu jung, um auf das
Essen und seine Umstände irgendeinen Autoritätsdruck
auszuüben. Sie sind angewiesen, Kinder und Erwachsene mit derselben nichtssagenden Höflichkeit zu bedie-
nen. Als Konsumenten dürfen sich die Kinder hier ernst
genommen fühlen. Hier macht es nichts aus, wenn ge-
kleckert wird. Und es beschwert sich niemand, wenn
zum Schluß der Tisch wie ein Schlachtfeld aus Essens-
abfällen und zerknüllten Plastikbehältern aussieht.
Fast Food – das ist auch Protest. Meine Strategie, damit
umzugehen, ist: Alle gemeinsam bestimmen, wie der
Küchenzettel aussieht. Die „Tischsitten" werden gemeinsam entwickelt, nicht befohlen, auch nicht
„erbettelt". Die Lust an der „anarchistischen" Art zu essen, die die Fast-Food-Läden bieten, ist, wie ich meine,
vom individuell-natürlichen Verhalten genauso weit
entfernt wie stocksteife Manierlichkeit.
Aber: Diese „demokratische" Methode der Gestaltung
familiärer Essenskultur erfordert Zeit. Die ist auch bei
uns Mangelware. Und da nun einmal die heimische
Küche nicht so leicht zu säubern ist wie ein gekachel-
ter Hamburger-Saal, kommt man bisweilen auch nicht
ohne den Appell aus: Wir müssen all das ja auch wieder sauber- machen – und das möglichst ohne (o du
liebe Umwelt!) Berge von Plastik- und Papiermüll zu
produzieren...
Es scheint auf den ersten Blick, als hätte wer sich ge-
sünder ernähren möchte, gegenüber der geballten
Macht der industriellen Fast-Food-Ketten, der Zucker-
Lobby und der Werbung verflixt schlechte Karten.
Meine Erfahrung sagt dazu allerdings: Nein, jedenfalls
dann, wenn es gelingt, die Phantasie an die Macht zu
bringen.

Den Streß und die Probleme einer Familie, in der jedes Mitglied eigenen Anforderungen genügen und eigenen Interessen nachgehen möchte, kann man nicht einfach abschaffen. Und es wäre fatal, so zu tun, als gäbe es ihn nicht. Wichtig ist vielmehr, daß man offen darüber spricht, daß es immer wieder „Fixpunkte" gibt, zu denen alle gemeinsam etwas unternehmen und erleben, und daß sich in diesem Geflecht niemand benachteiligt und „vergessen" vorkommt. Solcher Streß, dem eine „normale" Familie ausgesetzt ist, ist im allgemeinen durchaus aushaltbar, vorausgesetzt, niemand ist dabei der „Dumme", auf dem allzu viel abgeladen wird, und jeder übernimmt seinen Teil Verantwortung. Das setzt ein gewisses Maß an Organisation voraus. Der Aufwand dafür lohnt sich aber: Je besser die alltägliche Zusammenarbeit klappt, desto mehr Freizeit gibt es für den einzelnen und für uns alle zusammen. Und immer wieder Erfahrungen, Abenteuer, Gefühle, die nicht von Prüfung, Leistung und Anpassung bestimmt sind.

Das ist der Rahmen. Und in diesem Rahmen versuche ich dafür zu sorgen, daß die Alternativen zum verlockenden Fast-Food nicht nur gesund, sondern auch wohlschmeckend, abwechslungsreich und optisch interessant sind. Jeden Tag dasselbe Müsli, denselben Reistopf, dieselbe Sojawurst – das ist schlicht „tödlich". Ja, werden Sie fragen, wie soll man das schaffen in einem Tagesablauf, der ungefähr so aussieht: Sechs Uhr morgens, der Wecker klingelt, das Radio nervt. Während sich drei Kinder um das Waschbecken drängeln – he, jetzt bin ich aber dran –, wird der Tee zubereitet. Gott sei Dank ist für das Frühstück schon alles fertig gemacht (s. S.41).

Sarah muß als erste zum Bus. Pausenbrot? Dann die beiden anderen zur Schule fahren. Um sieben ist die Mutter dann schon an ihrer Arbeit.

Halb eins. Mittagspause, noch zehn Minuten Zeit, etwas einzukaufen. Max vom Schulbus abholen. Der Verkehr ist zu schlimm. Deshalb haben wir uns mit einigen anderen Eltern zu einem Abholdienst zusammengetan; klappt gut, kostet Zeit. Auf dem Weg nach Hause werden schon wieder Verabredungen für den

Nachmittag getroffen. „Gell, du kannst mich doch heute nachmittag schnell zu Peter fahren!?"
Max und seine Freundin Sandra helfen bei den Vorbereitungen zum Mittagessen. Ein wichtiger Anruf. Der Nachbar, der nur ganz kurz etwas Hilfe braucht. Dann Anna, die nur zehn Minuten Zeit hat, um sich frisch zu machen und umzuziehen, weil der Musiklehrer kommt. „Kann ich mir schon mal ein Brot machen?"
„Natürlich!"
Irgendwie schaffe ich es. Das Essen ist fertig, die Tafelrunde aber nicht vollständig. Also: das Essen warmhalten, bis Annas Unterricht zu Ende ist und schließlich um viertel nach zwei auch Sarah von der Schule kommt. Max brütet schon längst über den Hausaufgaben. Um drei Uhr muß ich ihn zum Turnen bringen. Das Auto lassen wir stehen. Eine halbe Stunde (ein entspannender) Fußweg.
Bevor Sarah sich ans Essen macht, zwei Anrufe. Die Mutter sitzt derweil am Schreibtisch. Um fünf Uhr muß ein Text fertig und zur Post gebracht sein.
Sarah versteht nicht ganz, warum minus x mal minus x gleich plus x quadrat sein soll. Nun gut, wenn ich von der Post zurück bin und Max abgeholt habe, setzen wir uns zusammen.
Um halb sieben könnten wir mit den Vorbereitungen zum Abendessen beginnen. Wir haben aber ausgemacht, am Abend noch ein bißchen Ball-über-die-Schnur zu spielen. Carola will auch mitspielen, wir müssen sie nur nachher nach Hause bringen. Der Hund muß ja ohnehin noch ausgeführt werden. Also schön, aber nachher müssen alle helfen. „Ihr bleibt doch zum Essen? Es gibt..."
Haben Sie sich und Ihre Familie wiedererkannt? Für solche Tage habe ich meine schnelle Vollwertküche entwickelt. Nein, keine Fertigmüslis, kein „Back-dir-einen-Riegel", keine „Alles-drin-Packungen", keine Sojawürstchen aus der Dose etc. Die oberste Regel der Vollwertkost, nämlich nur möglichst frische und naturbelassene Nahrungsmittel zu verwenden, steht auch hier bei meiner schnellen Vollwertküche ganz oben. Und trotzdem geht es schnell. Erwachsene und Kinder

11

können bei der Zubereitung gemeinsam arbeiten.

Was ist Vollwertkost?

Der Begriff Vollwert erlebt zur Zeit eine Inflation ähnlich wie „Natur, Bio oder Öko..." Alle diese Begriffe sind nicht geschützt, jeder kann sie verwenden. Und es wird viel Scharlatanerie damit getrieben. Für mich ist Vollwert durch folgende vier Punkte festgelegt:

1. Die Vollwertküche vermeidet alle jene Nahrungsmittel, die durch Haltbarmachung ihres vollen Wertes beraubt wurden. So ist ausgemahlenes Mehl (Typ 405) im Vergleich zum vollen Korn ernährungsbiologisch praktisch wertlos. Das gleiche gilt auch für weißen Zucker, geschälten Reis, raffinierte Öle. Viele Vitamine, Spurenelemente und vor allem der „lebendige Zusammenhang" des Lebensmittels sind zerstört.

2. Die Vollwertküche versucht, durch möglichst schonende Gar- und Kochvorgänge so viele wertgebende Inhaltsstoffe wie möglich zu erhalten. Dementsprechend hat Rohkost einen bedeutenden, ja entscheidenden Anteil in der Vollwerternährung. Eine Vollwertküche ohne Rohkost verdient diesen Namen nicht.

3. Die Vollwertküche trägt der Erkenntnis Rechnung, daß viele Krankheiten wie Bluthochdruck, Karies, Rheuma, Gicht, und daraus folgende Schäden wie z. B. Herzinfarkt ernährungsbedingt sind. Sie sind nicht nur auf den Verzehr von denaturierten Lebensmitteln zurückzuführen, sondern auch auf die heute üblichen hohen Anteile an tierischem Eiweiß und Fetten. Vollwertküche ist eine „Kohlehydrat"-Küche.

4. Das folgende Kriterium ist nicht immer einzuhalten. Man sollte es aber versuchen: Die verwendeten Lebensmittel sollten aus ökologisch kontrolliertem Anbau (Demeter, Bioland etc.) stammen. So können Sie sichergehen, daß die Belastung mit Pestiziden, Herbiziden und Kunstdünger gering ist. Sie unterstützen durch den Kauf dieser Produkte auch jene Bauern, die sich nicht an der Umweltzerstörung durch Überdüngung und Spritzen von Giften beteiligen.

Eine solche Vollwertküche ist alles andere als unansehnlich. Und von der gefürchteten einheitsbräunlichen Färbung ist sie weit entfernt. Allerdings: Gerade für Anfänger kann sie schon mit etwas mehr Arbeit verbunden sein als die Zubereitung der üblichen Kost aus Fertigprodukten und Fleischzutaten. Damit Sie um dieses Problem herumkommen und nicht schon bald den Vollwertlöffel wieder weglegen, habe ich dieses Buch geschrieben, das nicht nur „schnelle Rezepte" aus der Vollwertküche bietet, sondern auch eine Reihe von Tips und Tricks, wie man frische, gesunde Nahrung vollwertig und zeitsparend verarbeiten kann.

Die leckeren und ansehnlichen Angebote auf dem Teller allein genügen nicht im Wettstreit mit den Fast-Food-Riesen. Darum hier noch einmal zusammengefaßt die wichtigsten Punkte der Strategie:

– Falls Sie bei genauer Prüfung in Ihrem Umgang mit den Kindern überkommene Formen des Umgangs beim Essen-Zubereiten und Essen entdecken, versuchen Sie, diese Schritt für Schritt in Richtung „demokratischer Umgang" zu verändern.

– Vermeiden Sie allen missionarischen Eifer.

– Nutzen Sie die Rezepte dieses Buches, so daß der Gedanke, daß etwas fehlen könnte, nie aufkommen kann.

– Machen Sie es sich so leicht wie möglich, gesunde, frische und abwechslungsreiche Mahlzeiten zu zaubern.

Denn merke, das bessere Leben kann man nirgendwo kaufen, nicht einmal im Öko-Laden. Man muß es selber machen.

Kapitel 1

Aufstriche

Süße Muse

Sommeraufstrich

200 g Sonnenblumenkerne
3 reife Birnen
1 Teelöffel Zitronenhonig
Die Birnen werden gewaschen, abgetrocknet, geviertelt und von Kernhaus und Bärtchen befreit. Dann zerhackt man die Sonnenblumenkerne sehr fein mit dem Schneidestab oder im Mixer, mixt die Birnen dazu und mischt zum Schluß den Würzhonig unter.
Dieser Aufstrich ist für den schnellen Verzehr bestimmt, weil die rohe Birne schnell gärt.

Himbeer-Kräuter-Marmelade

500 g Himbeeren
2 Eßlöffel Akazienhonig
1 Teelöffel Zitronenhonig
1 Sträußchen Zitronenmelisse
1 Sträußchen Zitronenthymian
Die Himbeeren verlesen, auf einer Platte großflächig ausbreiten, damit eventuell noch herauskriechende Würmchen abgesammelt werden können. Die Zitronenmelisse und den Zitronenthymian waschen, von Stengeln befreien und kleinschneiden. Nun werden die Himbeeren mit den Kräutern und dem Honig cremig püriert.

Aprikosen-Mandelkonfitüre

(3)

500 g Aprikosen
1 Eßlöffel Mandelmus (Marzipanrohmasse)
2 Eßlöffel Honig
Die Aprikosen gut waschen, aufschneiden und die Kerne entfernen. Zusammen mit dem Mandelmus und dem Honig mindestens fünf Minuten pürieren.

Erdbeer-Rhabarber-Konfitüre

(4)

Rohe Konfitüre
Roh pürierte Früchte entfalten ihr Aroma auf unvergleichliche Weise. Und je nachdem, wieviel Honig (der Zuckergehalt des Honigs wirkt genauso konservierend wie der weiße Fabrikzucker) man zugibt, um so haltbarer wird das rohe Püree.
Roh gerührte Marmelade ist schnell und unkompliziert gemacht, so daß man ohne Umstände alle paar Tage einen Becher rühren kann und die Süßungsmittel Honig, Trockenfrüchte oder Melasse nur noch als „Gewürz" einsetzt.
Die ausdrucksvolle Süße der Erdbeeren und die feine Säure des Rhabarber harmonisieren besonders gut miteinander, so daß auf jegliche anderen Gewürze verzichtet werden kann.
Auch läßt der geringe Wassergehalt der Früchte es zu, daß man ohne Dickungsmittel auskommt. Eventuell muß nur noch etwas Süßungsmittel zugegeben werden.
Am besten nimmt man:
250 g Erdbeeren
250 g Rhabarber
2 Eßlöffel Honig
Die Früchte waschen und mit einem Küchentuch trockentupfen. Den Rhabarber etwas schälen und in einen Zentimeter große Stücke schneiden. Die Erdbeeren vierteln. Alles mischen und mit dem Honig übergießen.
Wenn genug Zeit ist, kann man die Rohmarmelade einige Stunden ziehen lassen. Dann pürieren – und fertig.

5

Aprikosenmus

500 g getrocknete ungeschwefelte Aprikosen
2 bis 3 Nelkenköpfchen
Saft von einer halben Zitrone
3 Eßlöffel Akazienhonig
1 Teelöffel Vanillehonig

Die Aprikosen über Nacht zusammen mit den Nelken einweichen, am nächsten Tag das Wasser abgießen, die Nelken herausfischen und die Aprikosen zerkleinern. Dann zusammen mit dem Zitronensaft und dem Honig pürieren.

6

Nußcreme

250 g Haselnüsse
3 Eßlöffel Butter
2 Eßlöffel Akazienhonig
1 Teelöffel Vanillehonig
2 Eßlöffel Carob

Die Nüsse auf ein Backblech schütten und bei 250° C etwa zehn Minuten im Backofen rösten (die braune Haut sollte sich von der Nuß lösen – sonst noch etwas länger rösten). Dann grob hacken, fein mixen oder mahlen und mit weicher Butter, dem Honig und Caroben vermischen.

7

Hagebuttenmus

750 g Hagebutten
300 g Honig
Saft einer halben Zitrone

Die Hagebutten waschen, die Bärtchen abschneiden, Hagebutten aufschneiden und die Kernchen entfernen. Vorsicht! Ziehen Sie dazu am besten Schutzhandschuhe an, denn die Kerne sind mit Härchen überzogen, die eine ähnlich unangenehme Wirkung wie Juckpulver haben. Anschließend die Früchte in einen Topf mit Wasser geben, zudecken und über Nacht stehen lassen. Am nächsten Tag entweder Wasser abgießen oder zugeben: die Früchte sollen gerade zwei Finger breit mit Wasser bedeckt sein. Das Ganze etwa 45 Minuten ko

Sprossenmüsli (s. S. 42) ▷

chen, pürieren und mit dem Honig und dem Zitronensaft nochmals einige Minuten kochen.
Sie können das Mus nun so in Schraubgläser füllen
und sofort verschließen, sollten aber, wenn Sie es über
längere Zeit aufbewahren wollen, das Mus noch sterili-
sieren (siehe Seite 193).

Sesampaste 〔 8 〕

200 g Sesamsamen
2 Eßlöffel Honig
1/2 Teelöffel Zimt
weiche Butter
Die Sesamkörner in eine hohe Schüssel geben und mit
einem Schneidestab fein pürieren. Mit Honig und Zimt
mischen und so viel Butter unterrühren, bis eine gut
streichfähige Masse entsteht.
Variante:
Einen sehr viel intensiveren Geschmack können Sie er-
zielen, wenn Sie die Sesamsamen vorher in einer trok-
kenen Stahlpfanne anrösten – aber Vorsicht: bei zu
starkem Rösten werden die Samen bitter!
Diese Paste hält sich im Kühlschrank gut zwei Wochen.

Kürbisaufstrich 〔 9 〕

300 g Kürbisfleisch
3 Eßlöffel Kürbiskerne
1 Teelöffel Zitronenhonig
1 Eßlöffel Akazienhonig
geriebene, getrocknete Ingwerwurzel
Die Kürbiskerne werden feingemahlen. Dann geben
wir das Kürbisfleisch dazu und pürieren nochmals
kurz. Diese Mischung schmecken wir mit den Gewürzen kräftig ab.

*Dieser Chutney schmeckt
auch zu gebackenen Tofu-
Scheiben oder Reis.*

17

Erdbeerquark

250 g Sahnequark
250 g Erdbeeren
4 Eßlöffel gemahlene Mandeln
1 Eßlöffel Akazienhonig

Die Erdbeeren werden gewaschen, die Stiele und Blätter entfernt, und dann werden die Beeren mit dem Schneidestab fein püriert. Jetzt ziehen wir den Quark darunter, binden mit den gemahlenen Mandeln und schmecken mit dem Honig ab.

Süße Maroni auf das Brot

1 kg Eßkastanien
4 Eßlöffel Honig

Die Kastanien lassen sich pikant mitKräutersalz abschmecken.
Falls das Püree auseinanderfällt, etwas Butter untermischen.

Die Maronen werden an der Spitze kreuzweise eingeschnitten und auf ein Backblech gelegt. Bei 200° C etwa eine Stunde gebacken, sind sie gar und können geschält, püriert und mit dem Honig gemischt werden. Fleißige Schälhelfer dürfen natürlich auch schon nebenbei naschen.

Dattelmus

Datteln enthalten nicht nur viel Fruchtzucker, sie sind auch reich an Vitaminen und Mineralstoffen, insbesondere Eisen.
Vor allem im Winter ist rohes Dattelmus deshalb eine willkommene Abwechslung.
Die Datteln werden gewaschen, entsteint und mit dem Schneidestab püriert. Wenn Sie Bedenken haben, daß Ihre Familie vielleicht zu viel von dem Dattelmus naschen könnte, läßt es sich auch unter Butter, Quark oder Frischkäse mischen.

Pikante Beläge

Auberginenpüree

〔 13 〕

3 größere Auberginen
5 Eßlöffel Sesamsamen
2 Knoblauchzehen
Massala, Salz
Olivenöl

Oft wird in Rezepten empfohlen, die Auberginen zunächst im Backofen zu garen, um dann leicht die Schale abziehen zu können. Ich empfinde das als Energieverschwendung, jedenfalls wenn im Backofen nicht gleichzeitig ein anderes Gericht gart. Es scheint mir nicht angemessen, nur um sich die Mühe des Schälens zu ersparen, den Backofen zum Beispiel 30 Minuten auf 250° C zu heizen. Es geht genausogut, wenn man die Auberginen mit einem Sparschäler von der Haut befreit, in kleine Stückchen schneidet und in etwas Öl in der Pfanne etwa zehn Minuten weichdünstet.

Für unseren Aufstrich nun geben wir während des Garens schon die Sesamsamen und die geschälten und kleingeschnittenen Knoblauchzehen dazu.

Sind die Auberginen weichgedünstet, pürieren wir die Mischung mit dem Schneidestab oder im Mixer sehr fein und würzen dann kräftig. Das Auberginenpüree sollte möglichst bald aufgegessen werden. Wenn man gleich mehr davon kochen will, muß es haltbar gemacht werden. (siehe Seite 194).

Rhabarber-Chutney

〔 14 〕

500 g Rhabarber
3 Zwiebeln
1/4 Tasse Apfelessig
1/4 Tasse Apfelsaft
1 Teelöffel Agar-Agar
3 Eßlöffel Honig
1 Prise Salz, Pfeffer, gemahlener Ingwer

Den Rhabarber waschen, putzen und in ein Zentimeter dicke Scheiben schneiden. Zwiebeln schälen und würfeln. Beides mit dem Essig aufsetzen, Honig und Ge würze dazugeben. Bei schwacher Hitze dünsten, bis der Rhabarber selbst noch Flüssigkeit zieht.

Das Agar-Agar-Pulver mit dem Apfelsaft anrühren und zu dem Chutney geben. Unter Rühren noch eine Minute kochen. Falls Sie einen Dampfkonservierer verwenden, kann das Chutney nun schon in saubere Gläser gefüllt und per Dampf verschlossen werden. Ansonsten muß das Ganze noch zehn Minuten sprudelnd kochen, bevor es abgefüllt und mit Schraubdeckel oder Cellophan verschlossen wird.

Bohnenpüree

〔 15 〕

250 g getrocknete weiße Bohnen
1 Lorbeerblatt
1 Zweig Thymian
2 Knoblauchzehen
Salz, Pfeffer, Zitronensaft
Olivenöl
Petersilie

Die Bohnen werden über Nacht eingeweicht und am nächsten Tag mit dem Lorbeerblatt und dem Thymian (aber ohne Salz!) etwa zwei Stunden weichgekocht (im Schnellkochtopf dauert es etwa 30 Minuten).

Die geschälten und kleingeschnittenen Knoblauchzehen werden zum Ende der Garzeit mit in den Bohnentopf gegeben. Dann gießt man die Bohnen ab und gibt die gewaschene und etwas zerkleinerte Petersilie dazu.

Mit dem Schneidestab wird nun alles fein püriert und mit Salz, Pfeffer und Zitronensaft abgeschmeckt. Um eine gut streichfähige Masse zu erhalten, gibt man etwas Olivenöl dazu. Dieser Aufstrich hält sich, mit etwas Olivenöl beträufelt, im Kühlschrank gut eine Woche.

Scharfe Bananencreme

〔 16 〕

2 Bananen
etwas Zitronensaft
1 Prise Salz, Currypulver, Pfeffer

Die Bananen schälen und mit einer Gabel zerdrücken. Sofort den Zitronensaft unterrühren und mit den Gewürzen pikant abschmecken.

Gemüse-Aufstrich ⌈ 17 ⌉

500 g gewaschenes und geputztes Gemüse, zum Beispiel Zucchini, Karotten, Kohlrabi
1 Zwiebel
2 Knoblauchzehen
Kräutersalz, Pfeffer

Das Gemüse wird ein wenig zerkleinert, die Zwiebel geschält und kleingeschnitten, ebenso die Knoblauchzehen. Nun alles in leichtem Salzwasser garkochen, das Wasser abgießen (nicht wegschütten, es ergibt eine feine Gemüsebrühe) und alles mit dem Stabmixer fein pürieren. Zum Schluß mit Kräutersalz und Pfeffer abschmecken.

Variante:
Etwas kräftiger abgeschmeckt, kann man den Gemüse-Aufstrich auch unter Quark oder Frischkäse rühren.

Pilzcreme ⌈ 18 ⌉

Diese Creme wurde uns einmal im Piemont zu knusprigem Toastbrot als einladende Vorspeise serviert. Sie hat uns so geschmeckt, daß wir uns zu Hause gleich einen großen Topf voll davon gemacht haben.

500 g Champignons
1 kleine Zwiebel
Salz, Pfeffer, Bierhefeflocken
1/2 Teelöffel Butter

Die Champignons putzen. Kurz waschen und mit einem sauberen Küchentuch trockentupfen. Die Zwiebel schälen und in der heißen Butter andünsten. Inzwischen die Pilze kleinschneiden und dazugeben, noch etwa fünf Minuten weiterdünsten, dann vom Herd nehmen und mit Salz und Pfeffer würzen. Die „Pilzsoße" abgießen (Sie können sie am nächsten Tag zur Gemüsesuppe geben) und mit den Bierhefeflocken zugleich etwas binden und abschmecken. Alles ganz fein pürieren – und fertig.

Normalerweise reicht es, die Pilze mit einer weichen Bürste zu säubern.

21

19   Zwiebelmus

500 g Zwiebeln
2 Eßlöffel Öl
1/2 Tasse Apfelsaft
Salz, Pfeffer

Die Zwiebeln schälen, fein würfeln und in dem heißen Öl glasig dünsten. Dann mit Apfelsaft aufgießen und einköcheln lassen. Mit Salz und frisch gemahlenem Pfeffer würzen. Dieser Aufstrich schmeckt sehr gut heiß auf geröstetem Brot, aber auch kalt auf Butterbrot.

20   Karottenpüree

1 kg Karotten
Salz
2 Teelöffel Zitronensaft
Pfeffer, Ingwerwurzel

Die Karotten putzen, waschen und in zwei Zentimeter breite Stücke schneiden. In wenig Salzwasser weichdünsten, die restliche Flüssigkeit abgießen. Die Karotten werden nun mit Zitronensaft und Butter püriert und mit Pfeffer, Salz und viel frisch geriebener Ingwerwurzel gewürzt.

21   Rettichcreme

1 großer Rettich
Salz
3 Eßlöffel Crème fraîche
Pfeffer

Mit dem salzigen Rettichsaft können Sie Ihre nächste Salatsoße würzen.

Den Rettich waschen und fein raspeln. Gut salzen und kurze Zeit ziehen lassen. Dann den Rettich ausdrücken. Den geraspelten Rettich mit Crème fraîche verrühren und mit Pfeffer abschmecken.

22   Tapenade

Tapenade ist eine Paste aus schwarzen Oliven (für die gibt es die vielfältigsten Rezepte), die man vor allem in der Küche Südfrankreichs oder Italiens findet. Die Paste schmeckt leicht bitter und wird auf geröstetem

Brot als Vorspeise serviert, zu Rohkost und hartge-kochten Eiern als Dip. Sie können die Tapenade auch, wenn zum Beispiel unerwarteter Besuch zu bewirten ist, unter Spaghetti oder Reis gerührt servieren.

Da sich die Tapenade, im Schraubglas kühl aufbe-wahrt, sehr gut einige Wochen lang hält, tut man gut daran, für alle Gelegenheiten einen kleinen Vorrat an-zulegen. Man braucht:

  250 g schwarze Oliven
  5 Eßlöffel Olivenöl
  1 Eßlöffel Zitronensaft
  1 Eßlöffel Weinessig
  2 Knoblauchzehen
  Salz, Pfeffer
  Rosmarin, Thymian, getrockneten Oregano

Die Oliven entsteinen. Zusammen mit den geschälten Knoblauchzehen und den Kräutern mit dem Schneide-stab des Handmixers pürieren. Nach und nach Öl, Es-sig und Zitronensaft zugeben und mit Salz und Pfeffer abschmecken.

Zum Entsteinen der Oli-ven Haushaltshandschu-he anziehen, sonst be-kommen Sie hartnäckige schwarze Finger.

Selleriecreme

⟨ 23 ⟩

  1 kg Sellerie
  Salzwasser
  2 Zitronenscheiben
  1 Lorbeerblatt
  Salz, Zitronenpfeffer
  1 Eßlöffel Crème fraîche

Die Sellerieknollen waschen, schälen, etwas zerklei-nern und in Salzwasser mit Lorbeerblatt und Zitronen-scheiben garkochen. Anschließend pürieren, mit Salz und Zitronenpfeffer abschmecken und Crème fraîche unterrühren.

Das Kochwasser ist eine gute Suppengrundlage.

Auberginenbrei

⟨ 24 ⟩

Dieses Rezept stammt aus Nordafrika, wo man den Brei vor allem zum Frühstück schätzt. Er schmeckt aber auch zu Pellkartoffeln als schnelles Mittagessen oder leichte Abendmahlzeit. Man braucht:

1 Aubergine
1/2 Eßlöffel Butter
1 Eßlöffel Zitronensaft
Salz, Pfeffer
1 Knoblauchzehe
1/2 Becher saure Sahne

Geschmacklich interessant: frischen Zitronenthymian hinzufügen.

Die Aubergine wird mit einem scharfen Messerchen oder einem Sparschäler geschält und in Würfel geschnitten. In der heißen Butter dünsten wir sie etwa fünf bis sieben Minuten an und geben Zitronensaft, die kleingeschnittene Knoblauchzehe und die Gewürze hinzu und pürieren alles fein.
Saure Sahne unterziehen – fertig.
Der Auberginenbrei paßt hervorragend zu geröstetem Graubrot. Zwei bis drei Tage läßt er sich problemlos im Kühlschrank aufbewahren.

25

Frühlingsquark

500 g Quark
1 Bund Radieschen
3 Bund frische Kräuter, z. B. Schnittlauch, Petersilie, Dill usw.
eine kleine Zwiebel
Pfeffer und Salz

Variante
Quark mit Wildkräutern, z. B. Löwenzahn-, Gänseblümchenblätter oder Brunnenkresse, anrichten.

Die Radieschen waschen und in ganz kleine Stückchen schneiden. Auch die Kräuter und die Zwiebel waschen, trockenschwenken und klein hacken. Dann alles unter den Quark mischen und mit Salz und Pfeffer würzen.

26

Salat im Kleinformat

1. 1/2 Gurke
   2 Tomaten
   1 kleine Zwiebel
   1 Essiggurke
   2 hartgekochte Eier
   1 Bund Schnittlauch

2. 1 Teelöffel Senf
   1 Eßlöffel Essig
   2 Eßlöffel Öl
   Salz und Pfeffer nach Geschmack

Die Zutaten von 1. werden fein gewürfelt und mit den Zutaten von 2. pikant abgeschmeckt.
Sollte die Mischung zu flüssig geraten, was bei stark wasserhaltigen Tomaten und Gurken vorkommen kann, dicken wir noch etwas mit Vollkornsemmelbröseln an. Der Salat im Kleinformat hält gut zwei bis drei Tage im Kühlschrank. Diese Mischung schmeckt nicht nur auf Butterbrot, sondern auch zu panierten Gemüsescheiben wie zum Beispiel Sellerie oder Zucchini.

Eierhäckerle ⟨27⟩

6 hartgekochte Eier
4 Eßlöffel Mayonnaise
1 Knoblauchzehe
Salz, Pfeffer, Senf

Die Eier werden geschält und kleingehackt und mit der Mayonnaise und den Gewürzen verrührt. Die Eierhäckerle lassen sich auch noch mit verschiedenen Kräutern anreichern.

Tofu-Birnencreme ⟨28⟩

150 g Tofu
1 weiche Birne
Sojasoße
Ingwerpulver
Curry
nach Geschmack etwas Salz und Pfeffer

Den Tofu mit einer Gabel zerdrücken. Die Birne waschen, trockenreiben, in Viertel schneiden, Kernhaus und Bärtchen entfernen. Anschließend schneiden wir die Birne klein und geben sie zum Tofu. Alles zusammen wird nun mit dem Schneidestab des Mixers püriert. Zum Schluß kräftig mit den Gewürzen abschmecken.

Paprika-Tofu-Aufstrich

Dieser Aufstrich fällt reichlich aus und sieht dazu sehr hübsch aus. Deshalb eignet er sich gut als Vorspeise oder fürs kalte Büffett. Man braucht:

3 Paprika, 1 rote, 1 grüne und 1 gelbe
200 g Tofu
Kräutersalz
Paprikapulver
2 Knoblauchzehen
Selleriegrün

Zuerst schält man die Knoblauchzehen und drückt sie in eine Schüssel. Dort hinein kommen auch der Tofu, etwas Kräutersalz und Paprikapulver. Alles zusammen wird dann mit dem Schneidestab des Mixers fein püriert. Anschließend die Paprikaschoten waschen, abtrocknen, aufschneiden und von Stielen und Kernen befreien. Nach Farbe getrennt, schnibbelt man sie dann in verschiedene Schüsseln und püriert sie ebenfalls. Jetzt die Tofumasse auf die drei Paprikapürees verteilen, unterrühren und alles gut abschmecken. Auf einem großen Teller richtet man dreifarbig an und dekoriert mit den gewaschenen Sellerieblättchen.

Buttercremes

Butter ist als Grundlage für die verschiedensten Aufstrichvarianten bestens geeignet. Das Fett ist ein hervorragender Geschmacksträger, und die Aufstriche sind im Kühlschrank gut zehn Tage haltbar. Außerdem kann man die meisten „Aufstriche" auch als Würzbutter verwenden, zum Beispiel Knoblauchbutter über Spaghetti, Kräuterbutter über heiße Pellkartoffeln oder einen Klecks Tomatenbutter auf einen Grünkernbratling. Das heißt also, es kann nicht schaden, von den Butteraufstrichen immer ein wenig auf Vorrat herzustellen.

Butteraufstrich einfrieren: einen Teller leicht einölen, die Würzbutter in hübschen Figuren darauf spritzen, im Gefrierfach hart werden lassen, in Gefrierbeutel füllen und einfrieren.

Ich habe bei den Mengenangaben trotzdem immer die Menge für eine Mahlzeit (bzw. etwa sechs Portionen) zur Grundlage genommen.

Sicher wird Ihre Familie die eine oder andere Vorliebe für manche Rezepte entwickeln, so daß Sie danach den persönlichen Vorratsbedarf ansetzen können.

Noch eine Bemerkung zum Einsatz von Butter in der gesunden Küche: Sie wird von vielen Alternativessern abgelehnt, einerseits wegen ihres Gehaltes an Cholesterin und dem zu geringen Anteil an essentiellen Fettsäuren (das sind jene hochwertigen, lebenswichtigen Fettsäuren, die im Gegensatz zum Cholesterin vom Körper nicht selbst erzeugt werden können), andrerseits auch einfach, weil es ein tierisches Fett ist.

Wer den Verzehr von Milch und Eiern nicht generell ablehnt, sollte sich in einer insgesamt naturorientierten und gesunden Ernährungsweise vor der Butter nicht allzusehr scheuen.

Zwar plädiere ich dafür, daß der größte Teil des täglichen Fettbedarfs mit hochwertigen Pflanzenölen gedeckt wird, für die man mit der Zeit einen ausgeprägten Geschmacksnerv entwickelt, aber in Maßen kann auch die Butter, in der noch wertvolle Inhaltsstoffe der Milch vorhanden sind, eine nützliche und ungefährliche Ergänzung sein. Angst vor zuviel Cholesterin in der Nahrung, dem Herzinfarkt und Arterien„verkalkung" angelastet werden, ist erst bei allgemeiner Fehlernährung mit zuviel Eiweiß und Fett angebracht.

⟨ 30 ⟩   *Tomatenbutter*

125 g Butter (die Hälfte von einem 250 g Stück)
3 Eßlöffel Tomatenmark
Salz, Pfeffer und etwas Paprikapulver

Die Butter weichrühren, mit dem Tomatenmark vermischen und würzen. Die so entstandene Masse eignet sich schon durch die ansprechende Farbe für belegte Brote, vom Sandwich bis zum Smörrebröd.

Besonders hübsch sehen mit Tomatenbutter bestrichene Brote aus, die mit Scheiben von hartgekochten Eiern belegt sind.

⟨ 31 ⟩   *Wildkräuterbutter*

Wildkräuterbutter auf knusprigem, kräftigem Brot kann der krönende Abschluß eines abenteuerlichen Ausflugs ins Grüne sein.

Wandern, Staunen, Sammeln, dabei nicht die Vorsicht und die Ehrfurcht vor den Wildkräutern und der Natur überhaupt verlieren und die Vorfreude auf ein kleines kulinarisches Erlebnis am Abend – das ist schon mal was, auf das man sich in der knappen Freizeit einer Familie freuen kann.

Wildkräuter reagieren noch sehr viel sensibler zum Beispiel auf Nachbarpflanzen, auf Witterungseinflüsse, auf winzige Unterschiede in der Bodenbeschaffenheit, wie zum Beispiel auf den Gehalt an Mineralsalzen und auf das, was man „Miniklima" nennt, als die in Gärtnerei oder Landwirtschaft großgezogenen Pflänzchen. Je nachdem, an welchem Ort wir sie finden, schmecken die Wildkräuter anders, aber immer ist ihr Geschmack intensiver als der der Kulturpflanzen. Das heißt im allgemeinen auch: Wildkräuter sind schärfer oder bitterer als Kulturpflanzen.

Der charakteristische, intensive und zugleich so durch den Standort vorgegebene individuelle Geschmack der Wildkräuter ist nicht allen Menschen gleich angenehm, und besonders Kinder, die daran nicht gewöhnt sind, begegnen diesem „rauhen" Geschmack zunächst mit Skepsis. Doch mit Kartoffeln oder Milchprodukten, wie in unserem Fall mit Butter, wird die

„Wildheit" leicht besänftigt, und jeder kann das Geschmackserlebnis nach seiner Fasson genießen. Vorsicht beim Sammeln ist jedoch geboten: Man muß sich vergewissern, daß die Sammelstelle wirklich nicht mit Herbiziden oder mit Pestiziden behandelt worden ist und daß sich die Kräutervielfalt nicht auf einem ehemaligen, aufgelassenen Müllabladeplatz befindet. Auch der eigene Garten ist ein idealer Platz für Wildkräuter, wenn man nur ein bißchen Mut zur Wildheit hat.

125 g Butter
3 Bund Wildkräuter, zum Beispiel Brennesseln, Löwenzahnblätter, Gänseblümchenblätter, Sauerampfer, Schafgarbenblätter, Taubnesselblätter und -blüten usw.
einige Tropfen Zitronensaft
Salz und Pfeffer

Die Butter wird in kleine Stücke zerteilt und schaumig gerührt. Dann muß man die Wildkräuter sorgfältig verlesen, waschen, trockenschwenken und feinhacken. Zusammen mit dem Zitronensaft, Salz und Pfeffer werden sie unter die Butter gemengt. Das Ganze kaltstellen .

Pikante Orangenbutter

{ 32 }

125 g Butter
1 unbehandelte Orange
1/2 Eßlöffel scharfer Senf
Salz, Pfeffer, geriebene Ingwerwurzel

Die Butter in Stücke schneiden und weich und cremig rühren. Dann reiben wir die Schale der Orange hinein, geben Senf und Gewürze dazu und rühren alles glatt.

Currybutter

{ 33 }

125 g Butter
1/2 Teelöffel Curry
etwas geriebene Ingwerwurzel

Die Butter in Stücke schneiden und weich werden lassen. Dann cremig rühren und Gewürze untermengen.

29

Kräuterbutter

34

125 g Butter
1/2 Bund Schnittlauch
1/2 Bund Petersilie
nach Belieben und Marktangebot Estragon, Dill, Basilikum oder Kerbel oder auch alles zusammen
Salz, einige Tropfen Zitronensaft

Variante: zwei Eßlöffel Pesto (siehe Seite 85) unter die Butter mischen.

Die Butter zerkleinern und etwas weich werden lassen. Die Kräuter verlesen, waschen, trockenschwenken und ganz fein schneiden. Dann unter die Butter rühren und mit ganz wenig Salz und dem Zitronensaft abschmekken.

Knoblauchbutter

35

125 g Butter
3 Knoblauchzehen
Salz, Pfeffer

Die Butter in Stückchen schneiden und etwas weich werden lassen. Dann die Knoblauchzehen schälen, kleinschneiden, auf einem Brett mit Salz bestreuen und mit der flachen Messerklinge zerdrücken. Unter die Butter rühren und mit etwas Pfeffer würzen.
Vor dem Servieren einige Zeit an einem kühlen Ort ziehen lassen. Erst dann entwickelt sich das Aroma richtig.

Nußbutter

36

125 g Butter
200 g Haselnußkerne
Zimt

Die Butter in kleine Stücke schneiden und etwas weich werden lassen. Die Haselnüsse fein mahlen, mit der Butter vermischen und mit dem Zimtpulver würzen.

Pistazienbutter

37

125 g Butter
1 Teelöffel Zitronensaft
100 g geschälte Pistazien
1 Prise Salz

Die Butter in kleinere Stückchen schneiden und etwas

weich werden lassen. Dann die Hälfte der Pistazien fein mahlen, die andere Hälfte hacken.
Nun alle Zutaten gut vermengen. Die Pistazienbutter vor dem Verzehr kühl stellen und durchziehen lassen.

Mohnbutter (38)

125 g Butter
2 Eßlöffel gemahlener Mohn
1 Teelöffel Vanillehonig
1 Prise Zimt
Die Butter zerkleinern und etwas weich werden lassen. Dann mit allen anderen Zutaten vermengen und fest werden lassen.

Beeren-Butter (39)

125 g Butter
die gleiche Menge Beeren, je nach Angebot
Zerkleinern Sie die Butter etwas, und lassen Sie sie ein wenig weich werden. Die Beeren werden gewaschen, trockengeschwenkt und je nach Konsistenz mit einer Gabel zerdrückt oder mit dem Schneidestab püriert.
Wenn Sie die Beeren mit der Butter vermengen, sollten diese nicht kalt sein, da sonst die Butter ausflockt. Bei sehr sauren Beeren kann man etwas Honig dazugeben.

Avocadoaufstriche

Wer Butter nicht so gerne als Aufstrichbasis verwendet, aus welchen Gründen auch immer, oder wer nur mal etwas Abwechslung aufs Brot bringen möchte, sollte es unbedingt mit der Avocadofrucht versuchen. Ihr Geschmack ist neutral und läßt sich vielfältig variieren. Außerdem ist sie sehr fettreich, was vor allem als „Geschmacksträger" von Bedeutung ist.

Einen Nachteil hat die Avocado allerdings: Das Fruchtfleisch wird schnell braun, wenn es aufgeschnitten ist. Man sollte daher also Aufstriche auf Avocadobasis nur für den sofortigen Verzehr zubereiten.

Einige Tropfen Zitronensaft oder Essig unterbinden die Oxydation. Man sollte auch darauf achten, daß mit den Geschmackszutaten nicht die hübsche grüne Farbe zerstört wird. Also nichts hinzufügen, was eine starke eigene Farbe hat, wie zum Beispiel Sojasoße oder Tomatenmark. Grüne Zutaten, wie zum Beispiel frische Kräuter, können dagegen den Reiz des zartgrünen Fruchtfleisches eher verstärken.

Variante: zwei Eßlöffel Pesto (siehe Seite 85) unter die Butter mischen.

Avocados sind reif, wenn die Schale sich gut eindrücken läßt.

(40)

Anis-Avocado

2 sehr reife Avocadofrüchte
Saft einer halben Zitrone
1 Eßlöffel Akazienhonig
1/2 Teelöffel frisch gemahlene oder zerstoßene Aniskörner

Die Avocados halbieren, den Stein herausholen und das weiche Fruchtfleisch mit einem Eßlöffel ausschaben. Dann gleich den Zitronensaft über das Fruchtfleisch gießen, vermengen und alle Zutaten zusammen pürieren.

Spaghetti in Curry (s. S. 93) ▷

Avocado-Ananas-Creme (41)

1 reife Avocado
1/2 mittelgroße Ananas
falls nötig, noch Zitronensaft und Honig
1 Handvoll Blätter von der Zitronenmelisse

Die Ananas schälen, in Stücke schneiden und die Stükke jeweils vom Strunk und harten Stellen befreien. Anschließend die Avocado halbieren und das Fruchtfleisch mit einem Eßlöffel herausschaben.

Das Fruchtfleisch der Avocado wird sofort zusammen mit dem Fruchtfleisch der Ananas püriert und abgeschmeckt. Normalerweise enthält die Ananas genügend Säure, um das Avocadofleisch vor der Oxydation zu bewahren und genügend Süße, um für einen angenehmen Geschmack zu sorgen. Doch bei Bedarf kann mit Zitronensaft oder Honig nachgewürzt werden.

Zum Schluß nehmen wir von den Melisseblättchen einige schön gewachsene für die Dekoration ab. Der Rest wird gewaschen, trockengeschleudert, fein gehackt und unter die Avocado-Ananas-Creme gemischt.

Nach Belieben kann diese Creme mit Crème fraîche gestreckt werden.

Weizen-Avocado (42)

1 gut reife Avocado
1 Eßlöffel Obstessig
1 Tasse Weizenkeime
1 Teelöffel Bierhefeflocken
Kräutersalz
Pfeffer
Crème fraîche

Die Avocado wird der Länge nach geteilt, der Stein wird entfernt und das Fruchtfleisch mit einem Löffel herausgeschabt. Das Fruchtfleisch sofort mit dem Essig beträufeln, damit es nicht braun wird. Die Weizenkeime werden gemahlen und zu dem mittlerweile pürierten Avocadofruchtfleisch gegeben. Mit den Bierhefeflocken, dem Kräutersalz und dem Pfeffer wird kräftig abgeschmeckt und so viel Crème fraîche daruntergerührt, bis die Masse streichfähig ist.

(43) Avocado-Mandelmus

2 reife Avocados
1 Eßlöffel Zitronensaft
2 Eßlöffel Orangensaft
2 Eßlöffel Mandelmus (Marzipanrohmasse)
1 Teelöffel Akazienhonig

Das Mandelmus mit dem Orangensaft mischen. Dann die Avocados halbieren, den Kern entfernen und das Fruchtfleisch mit einem Löffel aus der Schale lösen. Das Fruchtfleisch nun gleich mit Zitronensaft beträufeln und pürieren. Das Mandelmus dazugeben und mitpürieren. Zum Schluß mit Honig abschmecken.

(44) Zitronen-Avocado

1 reife Avocado
Saft und abgeriebene Schale einer ungespritzten halben Zitrone
Kräutersalz, Pfeffer

Die Avocado halbieren, den Stein herausnehmen und das Fruchtfleisch mit dem Eßlöffel herausschaben. Das Fruchtfleisch mit einer Gabel zerdrücken. Sollten Klümpchen zurückbleiben, können Sie das Ganze noch mit dem Schneidestab pürieren. Mit den restlichen Zutaten würzen – und fertig. Hübsch dekorieren können Sie diesen Aufstrich noch mit Zitronenmelisse oder, falls nicht vorhanden, mit Petersilie oder Kerbel.

(45) Avocado-Radieschenaufstrich

2 reife Avocados
2 Bund Radieschen
1 Eßlöffel Zitronensaft
Kräutersalz, Pfeffer
1 Bund Schnittlauch

Eventuell etwas Grün und 3 bis 4 Radieschen zur Dekoration zurücklegen.

Die Radieschen putzen, waschen und dann klein stifteln oder raspeln. Den Schnittlauch waschen und kleinschneiden. Die Avocados halbieren und den Kern entfernen. Man löst mit einem Löffel das Fruchtfleisch aus der Schale, träufelt Zitronensaft darauf und püriert ganz fein. Nun mischt man Radieschen und Schnittlauch darunter und schmeckt ab.

Avocado-Senf-Püree (46)

2 reife Avocados
Saft einer Zitrone
Kräutersalz, Pfeffer
1 Teelöffel Senf
Die Avocados der Länge nach halbieren, die Steine
entfernen und das Fruchtfleisch mit einem Löffel herauslösen. Dann sofort den Zitronensaft zum Fruchtfleisch gießen und mit dem Schneidestab des Mixers
fein pürieren. Mit den Gewürzen abschmecken.

Avocado-Fruchtcreme (47)

1 Avocado
1 Birne
Saft einer Zitrone
1 Teelöffel Vanillehonig
2 Eßlöffel gehackte Pistazien
Die Avocado der Länge nach halbieren, den Stein entfernen und das Fruchtfleisch mit einem Löffel herausschaben. Dann das Avocadofleisch gleich mit dem Zitronensaft beträufeln. Die Birne wird gewaschen und
trockengerieben, geviertelt, das Kernhaus herausge-
schnitten und das Bärtchen entfernt. Die Birne gibt
man zu der Avocado und püriert alles zusammen. Nun
wird die Masse mit Honig abgeschmeckt und das Ganze mit den Pistazien dekoriert.

Käsecremes

Sachsenhausener Schneegestöber

200 g reifen Camembert
100 g Doppelrahmfrischkäse
1 Eßlöffel Butter
1 Zwiebel
Paprika, Pfeffer und je nach Geschmack etwas Salz
Der Camembert wird mit einer Gabel zerdrückt und
zusammen mit dem Frischkäse und der Butter zu einer
Masse gerührt, die mit der feingehackten Zwiebel, viel
Paprika, Salz und Pfeffer pikant abgeschmeckt wird.

Sahniger Knoblauchkäse

1 Pfund Sahnequark
1 Becher Crème fraîche
2 Eßlöffel Butter
2 Knoblauchzehen
Salz, Pfeffer
Die Butter weich und cremig rühren (das ist schon fast
das halbe Erfolgsrezept pikanter Butteraufstriche),
Crème fraîche und Quark dazurühren und mit gepreßten Knoblauchzehen, Salz und Pfeffer würzen.

Apfelkäse

500g Sahnequark
2 Äpfel
2 Zwiebeln
1 Eßlöffel Butter
Salz, Pfeffer, Majoran
Die Zwiebeln schälen und in ganz feine Würfelchen
schneiden. Die Äpfel waschen, vierteln, das Kernhaus
entfernen und ebenfalls ganz klein würfeln. Dann die
Zwiebelwürfel in der heißen Butter glasig dünsten, die
Äpfel dazugeben, unter Rühren so lange dünsten, bis
sie etwas weich sind, und kräftig würzen. Ein wenig
auskühlen lassen und unter den Quark ziehen.

Pflaumen-Pfeffer-Käse   (51)

150 g getrocknete Pflaumen
250 g Doppelrahm-Frischkäse
Pfeffer
Die Pflaumen entsteinen, mit dem Schneidestab des
Mixers pürieren und unter den Käse mischen. Mit
reichlich frisch gemahlenem Pfeffer pikant würzen.

Senfcreme mit grünem Pfeffer   (52)

400 g Doppelrahmfrischkäse
4 Eßlöffel süße Sahne
2 Teelöffel Senf
1 Teelöffel eingelegter grüner Pfeffer
eventuell noch Salz
Zitronenpfeffer
Den Frischkäse mit der Sahne cremig rühren und Senf,
grünen Pfeffer, Zitronenpfeffer und nach Geschmack
noch etwas Salz unterrühren.

Schwarzgesprenkelter Camembert   (53)

150 g reifen Camembert
3 Eßlöffel Butter
2 Frühlingszwiebeln oder kleine Lauchstangen
eine Handvoll schwarze Oliven
Kräutersalz, Pfeffer
Den Camembert von der Rinde befreien und mit einer
Gabel zerdrücken. Die Butter in kleine Stücke zerteilen und etwas weich werden lassen. Nun die Zwiebeln
waschen, Bärtchen abschneiden und fein würfeln. Die
Oliven entkernen und ebenfalls fein würfeln. Bei den
Oliven am besten mit Haushaltshandschuhen arbeiten.
Jetzt Camembert, Butter, Zwiebeln und Oliven gut vermischen und mit den Gewürzen abschmecken.

(54)

Käse-Nußcreme

250 g Gorgonzola
5 Eßlöffel Butter
2 Eßlöffel gehackte Walnüsse (eventuell einige
Hälften zur Dekoration)
Traubensaft, Pfeffer

Die Butter wird weichgerührt und der zerdrückte Käse
dazugegeben. Die Nüsse unterrühren und mit ein wenig Saft und Pfeffer abschmecken.

Kapitel 2

Ideenreich frühstücken

„Frühstücke wie ein Kaiser, iß zu Mittag wie ein Fürst und zu Abend wie ein Bettelmann", so heißt ein altes Sprichwort. Es gibt auch heute noch eine vernünftige Einteilung der Mahlzeiten. Doch die meisten Menschen folgem diesem Rat höchstens einmal am Wochenende, wenn wir wieder aussschlafen können. Am Wochenende kann man ausschlafen und sich entspannt den verschiedenen Köstlichkeiten auf dem Tisch widmen und zwischen Morgenzeitung und Plaudereien mit der Familie wirklich einen Großteil seines täglichen Nahrungsbedarfs decken. Das Mittagessen kann dann noch fürstlich, aber ohne allzu große Belastungen sein und das Abendessen ein reduziertes, deswegen aber nicht langweiliges kleines Mahl. Wer es probiert, merkt schnell, wie sich eine solche Einteilung auf das körperliche und geistige Wohlbefinden auswirkt.

Aber an den Wochentagen! Wenn alle Familienmitglieder sich mit dem Frühstück für einen anstrengenden Schul- oder Arbeitstag wappnen sollten, ist so oft kaum Zeit für ein heißes Getränk und ein Butterbrot: Ungefähr die Hälfte aller Schüler gehen ganz ohne Frühstück aus dem Haus. Bestenfalls wird dann unterwegs beim Bäcker noch schnell ein Brötchen oder eine Brezel gekauft, die meisten aber warten bis zur großen Pause, um sich mit Mohrenköpfen, Coca Cola oder ähnlichem einzudecken.

Sieht es bei den Erwachsenen besser aus? Auf die schnelle Tasse Kaffee am Frühstückstisch folgt noch eine und noch eine am Arbeitsplatz.

Gegenseitige Ermahnungen zum „besseren" Frühstück helfen nichts. Die Zeit, die man nicht hat, ist nun einmal Zeit, die man nicht hat. Und wem sich beim Gedanken an den kommenden Streß der Magen verkrampft, der kann sich erst recht nicht zu einem ruhigen und ausgeglichenen Frühstück zwingen. Wie aber sonst? Das mit dem „Morgens ein viertel Stündchen früher aufstehen" klappt einfach nicht. Von in-Ruhe-frühstücken kann werktags keine Rede sein, und ich wette, daß es in den meisten Familien trotz immer neuer Vorsätze ganz ähnlich hektisch zugeht.

Was wir brauchen, sind also nicht hundert neue Vorsätze und schon gar nicht gegenseitige Vorwürfe, was wir brauchen, ist ein Kompromiß.

Ich schlage vor, unter der Woche ein stärkendes Getreidemüsli zu servieren, dann einen Obstteller je nach Saison, von dem sich jeder nach Geschmack etwas ins Müsli schnippelt und ein „Frühstückstablett". Das ist ein Tablett mit verschiedenen Müslizutaten, wie zum Beispiel Trockenobst, Nüssen, verschiedenen Sorten von Kernen, Honig und unserer Knuspermischung von Seite 43.

Diese Zutaten auf dem Frühstückstablett werden ständig nachgefüllt (z.B. am Nachmittag, wenn mal ein bißchen Luft ist), und somit ist der Frühstückstisch im Nu gedeckt. Wer als erster im Bad fertig ist, macht das im Handumdrehen, nicht ohne vorher das Tee- oder Kaffeewasser aufgesetzt zu haben.

Nun fehlen nur noch einige Zutaten aus dem Kühlschrank: Milch und Sauermilchprodukte und für die ganz Hungrigen noch Brot und Aufstrich.

Tee: Es muß nicht jeden Tag dieselbe Sorte sein.

Und hier fürs Wochenende, wenn mehr Zeit ist, ein paar ganz „kaiserliche" Frühstücksideen.

Schnelle Müslis

Frischkornmüsli

50 g Getreide pro Person (Weizen oder auch eine
Kombination aus verschiedenen Getreidesorten wie
zum Beispiel Gerste, Hafer, Grünkern usw.)
5 Eßlöffel Wasser pro Person
Das Getreide wird am besten schon am Vorabend ge-
schrotet und im Wasser eingeweicht. Durch das Einweichen entfaltet sich die Aktivität des Keimes, die
Stärke wird aufgeschlossen und so leichter für den Organismus verdaulich. Am nächsten Morgen kann dann
jeder nach Belieben dieses Grundmüsli verfeinern.
Zum Müsli noch eine allgemeine Bemerkung: Man
versteht darunter ein Gericht aus geschrotetem Getreide oder Getreideflocken (das sind mit heißen Walzen
flachgedrückte Getreidekörner), das mit etwas Wasser
oder Milch, mit frischem Obst und Nüssen angerei-
chert wird. Das „Bircher Müsli" (benannt nach dem
Schweizer Arzt Maximilian Bircher-Benner, der eine
rein vegetarische Schonkost zur Heilung und Gesund-
heitsvorsorge entwickelte), auch „Schweizer Müsli"
genannt, das mit Haferflocken zubereitet wird, ist inzwischen weit bekannt und wird auch dort gerne zum
Frühstück gegessen, wo man sich noch längst nicht als
„alternativ" versteht.
Das Fertigmüsli aus Reformhäusern und Lebensmittel-
handel ist stark gezuckert und enthält geschwefelte
Trockenfrüchte. Daher halte ich, auch wenn es ein bißchen Arbeit macht, die eigene Herstellung von frischem Müsli für besser. Frischkornmüsli hat einen un-
bestreitbar höheren gesundheitlichen Wert.

56

Karottenmüsli

4 größere Karotten
1 Apfel
Saft einer Zitrone
4 Eßlöffel Haferflocken
4 Eßlöffel Sonnenblumenkerne
2 Eßlöffel Leinsamen
1 Teelöffel Honig
1 Klacks Crème fraîche

Die Karotten und den Apfel waschen und abtrocknen. Dann die Karotten in eine Schüssel raspeln, den Apfel vierteln, das Kernhaus entfernen und dazuraspeln. Nun gleich den Zitronensaft daruntermischen, damit nichts braun wird.

Jetzt werden die Haferflocken, die Sonnenblumenkerne, der Leinsamen und der Honig daruntergemengt und mit etwas Crème fraîche garniert.

57

Citro-Müsli

2 Grapefruits (Pampelmusen)
4 Orangen
4 Eßlöffel Hirseflocken
4 Eßlöffel gehackte Mandeln
3 Becher Joghurt
2 Eßlöffel Zitronenhonig

Die Grapefruits schälen, halbieren und in Scheiben schneiden. Ebenso wird mit den Orangen verfahren. Dann alles in eine Schüssel geben, mit den Hirseflocken und den Mandeln vermengen, und zum Schluß vorsichtig den mit Honig vermischten Joghurt darunterheben.

58

Sprossenmüsli (s. Farbtafel S. 16)

Dies ist ein Frühstücksmüsli für besondere Tage und Sonntage. Es ist vor allem für Vollwerteinsteiger geeignet. Folgende Zutaten kommen auf den Tisch:

Eine kleine Auswahl an Keimlingen, z. B. von Weizen, Leinsamen und Linsen.
1 Becher geschlagene Sahne
Honig und Früchte, je nach Jahreszeit
Jeder kann sich nun die Keime in seinem Schüsselchen mischen, mit Honig süßen und Sahne und Früchte dazugeben.

Alternative: Zum Süßen Apfel- oder Birnensaft und statt Sahne Quark.

Knuspermischung

⟨ 59 ⟩

als Beigabe zum täglichen Getreidemüsli
150 g Haferflocken
100 g gehackte Haselnüsse
3 Eßlöffel Leinsamen
3 Eßlöffel Sonnenblumenkerne
3 Eßlöffel Sesamsaat
3 Eßlöffel Öl, etwas Salz
Die Zutaten werden alle in einer Schüssel gemischt, auf einem Backblech verteilt und bei 200° C etwa 20 Minuten geröstet. Das Backblech öfter schütteln, damit nichts anbrennt und die Zutaten von allen Seiten gleichmäßig bräunen können. Unter die fertige Mischung rühren wir dann noch nach Belieben Honig, Vanillehonig und kleingeschnittene Trockenfrüchte. Nach dem Erkalten der Knuspermischung können wir sie in einen luftdichten Behälter zum Aufbewahren füllen.

Südseemüsli

⟨ 60 ⟩

2 Tassen gekeimter Reis
1/2 Ananas
4 Eßlöffel Kokosflocken
2 Bananen
einige Tropfen Zitronensaft
2 Teelöffel Vanillehonig
2 Becher Sahnejoghurt
Die Ananas schälen und in Stückchen schneiden, ebenso die Bananen, die sofort mit dem Zitronensaft beträufelt werden, damit sie nicht braun werden. Dann verrühren wir den Sahnejoghurt mit dem Vanillehonig, heben ihn vorsichtig unter die Reissprossen und geben das Ganze zum Obst.

Reissprossen schmecken neutral. Herstellung: s. S. 203.

61

Müsli mit Pop und Puff

Popcorn und Vollwertpuffreis zu gleichen Teilen mischen, mit etwas Honig überziehen und kleingeschnittene Trockenfrüchte dazugeben. Kurz vor dem Essen Joghurt daruntermischen oder einfach Milch darübergießen.

Reis und Grütze

 62

Fruchtreis

350 g Reis
1 Eßlöffel Butter
Milch
3 Eßlöffel Honig
1 unbehandelte Zitrone
1 Prise Salz
500 g Früchte oder Beeren je nach Jahreszeit

Fruchtreis schmeckt auch kalt als Dessert.

Den Reis in der heißen Butter andünsten und mit Milch aufgießen (etwa zwei Fingerbreit über den Reis). Dann geben wir das Salz dazu und die abgeriebene Schale der Zitrone. Nach dem Aufkochen auf kleinste Hitze schalten und garquellen lassen. In der Zwischenzeit Früchte waschen, putzen und schälen oder zerkleinern, mit dem Honig verrühren, unter den Reis mischen und noch fünf Minuten weitergaren lassen.

63

Schokoreis

1 Tasse Wasser
1 Tasse Milch
1 Tasse runder Naturreis
1 Prise Salz
1 Eßlöffel Kakao oder Carob
1 Eßlöffel süße Sahne
1 Eßlöffel Honig
1 Teelöffel Vanillehonig
1 Eßlöffel gehackte Haselnüsse oder
2 Eßlöffel Knuspermischung

Das Wasser wird zusammen mit der Milch und dem Salz aufgekocht, dann wird der Reis dazugeschüttet.

Bei geringster Hitze ausquellen lassen. Wenn der Reis gar ist, verrühren wir das Kakaopulver, die Sahne und den Honig und mischen alles unter den Reis. Dieser Reis schmeckt besonders gut zu kalter Bananenmilch.

Grünkerngrütze mit Pfirsichmus 〔 64 〕

100 g Grünkernschrot
3/4 l Wasser
Saft von 1 Zitrone
1 Messerspitze Nelkenpulver
3 Eßlöffel Honig
1 kg Pfirsiche
1 Teelöffel Vanillehonig
2 Eßlöffel Akazienhonig

Den Grünkernschrot in das kochende Wasser streuen und bei geringer Hitze 15 Minuten ausquellen lassen. Mehrmals umrühren. Anschließend mit Zitronensaft, Nelkenpulver und Honig würzen.
Für das Pfirsichmus waschen wir die Pfirsiche, geben sie kurz in kochendes Wasser und ziehen mit einem kleinen, spitzen Messer die Haut ab. Die entkernten Pfirsiche schneiden wir in kleine Stückchen, rühren den Honig darunter und dünsten sie in wenig Wasser weich. Mit dem Schneidestab pürieren und zu der Grütze servieren.

Buchweizengrütze 〔 65 〕

200 g Buchweizengrütze
1 l Wasser
1 Prise Salz
1 Teelöffel Zimt
2 Becher Joghurt
4 Teelöffel Vanillehonig

Die Buchweizengrütze in das kochende Salzwasser einstreuen und bei mittlerer Hitze zehn bis 15 Minuten ausquellen lassen. Dann den Zimt unterrühren. Zum Schluß zu jeder Portion Grütze einen halben Becher Joghurt geben und mit Vanillehonig beträufeln.

Röstis und Breie

Knusperquark

5 Eßlöffel Haferflocken
5 Eßlöffel gehobelte Mandeln
3 Eßlöffel Butter
500 g Quark
5 Eßlöffel Milch
3 Eßlöffel Marmelade, Früchtemus oder
Apfelkompott
2 Eßlöffel Honig

Die Haferflocken und die Mandeln in der heißen Butter anrösten, auskühlen lassen und inzwischen den Quark mit der Milch, der Fruchtzubereitung und dem Honig glattrühren. Den zubereiteten Quark verteilen und die Knuspermischung darauf streuen.

Beerengrießbrei

500 g Beeren
1 Teelöffel Zitronenhonig
4 Eßlöffel Vollkorngrieß
1 Teelöffel Vanillehonig
2 Tassen Milch
1 Prise Salz

Die Beeren werden, wenn nötig, gewaschen, verlesen, zerdrückt, in die Schüsselchen oder Teller verteilt und mit dem Zitronenhonig beträufelt. Dann bringen wir die Milch mit dem Salz und dem Vanillehonig zum Kochen und streuen den Grieß ein. Bei ganz milder Hitze läßt man den Grieß etwa 15 Minuten ausquellen und gießt den Brei dann über die Beeren.

Grießbrei mit Zimtbutter

2 Tassen Milch
1 Prise Salz
1 Teelöffel Zitronenhonig
1 Teelöffel Vanillehonig
4 Eßlöffel Vollkorngrieß
4 Eßlöffel Butter
gemahlene Zimtrinde

Die Milch mit dem Salz und dem Würzhonig zum Ko-

chen bringen und den Grieß einstreuen. Dann bei sehr geringer Hitze den Grieß etwa 15 Minuten ausquellen lassen. Die Butter in einem kleinen Pfännchen schmelzen und leicht bräunen lassen. Schnell etwa einem Teelöffel Zimtpulver dazurühren.
Nun den Grießbrei austeilen und mit der Butter übergießen.

Haferrösti mit Apfelquark

⟨ **69** ⟩

2 Tassen Haferflocken
3 Eßlöffel Butter
3 Eier
1 Prise Salz
1/2 Teelöffel Vanillehonig
3 Eßlöffel Milch oder süße Sahne

Die Haferflocken in der heißen Butter in einer Pfanne kräftig anrösten. Dabei immer wieder umrühren, damit die Flocken gleichmäßig knusprig werden. Dann die Eier mit der Sahne und den Gewürzen verquirlen und über die gleichmäßig in der Pfanne verteilten Flocken gießen. Wenn die Eiermasse gestockt ist, kann das Rösti aufgeteilt und serviert werden.

Wenn das Rösti heiß gegessen werden soll, muß zuerst der Quark bereitet werden.

500 g Quark
2 Eßlöffel Honig
1 Teelöffel Zitronenhonig
2 Eßlöffel Milch
Apfelmus aus dem Vorratskeller
oder frisch gekochtes Apfelkompott

Dazu braucht man

5 Äpfel
1 Eßlöffel Zitronensaft
1 Eßlöffel Honig
etwas Zimtrinde

Die Äpfel werden gewaschen, aufgeschnitten, das Kernhaus und das Bärtchen entfernt, anschließend in einen Topf geschnippelt. Den Zitronensaft und ein ganz klein wenig Wasser dazugießen, mit Honig und Zimtrinde würzen und die Apfelschnitten bei geringer Hitze weichkochen. Bevor Sie das Apfelkompott essen, sollten Sie die Zimtrinde herausnehmen.

47

Apfelquark: Der Quark wird mit der Milch und dem Honig glatt gerührt, und dann soviel Apfelmus daruntergemischt, bis der Quark den richtigen Geschmack und die richtige Konsistenz hat.

[70]

Toaströsti mit Apfelschaum

6 Scheiben Vollkorntoast
1 Eßlöffel Butter
1/2 Teelöffel Zimt
2 größere Äpfel
einige Tropfen Zitronensaft
2 Becher Sahnejoghurt
1 Ei
2 Eßlöffel Honig

Die Toastscheiben in kleinere Stückchen schneiden und in der heißen Butter mit dem Zimt rösten.
Die Äpfel waschen, vierteln, Kernhaus entfernen und raspeln. Gleich mit dem Zitronensaft beträufeln, weil es besser schmeckt und der Apfel nicht so schnell braun wird. Das Ei wird in Eigelb und Eiklar getrennt. Mit dem Handmixer wird dann zuerst das Eiklar ganz steif geschlagen, dann das Eigelb mit dem Honig cremig gerührt (s. Küchentips Seite 196).
In die Eigelbcreme rühren wir nun noch die geraspelten Äpfel und den Joghurt. Zum Schluß wird vorsichtig der Eischnee untergehoben. Dieser zarte Schaum wird zu den Brotwürfeln serviert.
Nebenbei: Wenn Sie Kinder haben, ist das Trennen von Eiklar und Eigelb eine schöne erste „Küchenübung" für sie.

[71]

Hirsebrei

150 g Hirse
1/4 Liter Milch
1 Prise Salz
1 Messerspitze Zimt

Die Hirse mit Salz und Zimt in der Milch aufkochen und bei geringster Hitze quellen lassen. Mit Honig überträufeln und zu saftigem Obstsalat servieren.

Herbstsalat mit Knusperkernen (s. S. 95) ▷

Das Gelbe vom Ei

Käseeier in Erbsen

(72)

1 Eßlöffel Butter
4 Eier
250 g Erbsen, frisch oder aus der Tiefkühltruhe
1 Becher süße Sahne
1 Bund Petersilie
Salz, Pfeffer, Muskat
3 Eßlöffel gemahlener Goudakäse

Die Petersilie waschen, von den dicken Stengeln befreien und fein hacken. Die Eier mit der Sahne, der Petersilie, Salz, Pfeffer, Muskat und 2 Eßlöffeln Käse verrühren, die Erbsen dazugeben und den Teig in eine Pfanne mit heißer Butter geben. Wenn die Eier gestockt sind, mit dem restlichen Käse bestreuen und servieren.

Rührei-Knusperkernig

(73)

8 Eier
2 Eßlöffel Butter
1 Eßlöffel Sonnenblumenkerne
1 Eßlöffel Kürbiskerne
1 Eßlöffel gehackte Haselnüsse
1 Eßlöffel Haferflocken
2 Eßlöffel Sojasoße

Die Butter in einer Pfanne erhitzen und darin Kerne, Nüsse und Flocken knusprig rösten. Dann verquirlt man die Eier, würzt mit der Sojasoße und gießt sie in die Pfanne. Bei kleiner Hitze stocken lassen und dann – guten Appetit.

74   *Spiegelei auf bunter Pfanne*

1 Zwiebel
1 rote, 1 gelbe und 1 grüne Paprikaschote
1 Aubergine
2 Knoblauchzehen
Kräutersalz, Pfeffer, Paprikapulver
3 Eßlöffel Olivenöl
4 Eier

Die Zwiebel schälen und würfeln, Paprikaschoten und Aubergine waschen, von den Schoten die Stiele und Kerne herausschneiden und das ganze Gemüse in Würfel schneiden. Nun die Zwiebel in heißem Öl glasig dünsten, die Gemüsewürfel dazugeben, weiterdünsten, würzen und auch die Knoblauchzehen schälen und dazudrücken. Wenn die Gemüsewürfel weich sind, schlagen wir die vier Eier darüber, würzen diese noch mit ein wenig Salz und Paprikapulver, und sobald das Eiweiß gestockt ist, können wir servieren.

75   *Sprossen-Omelett*

8 Eier
250 g Sprossen, z. B. Sojasprossen, Linsensprossen, Luzernesprossen usw.
1 Bund Zwiebelröhrchen
1 Eßlöffel Sojasoße
einige Spritzer Tabascosoße
einige Tropfen Honig
2 Eßlöffel Butter
Salz, Pfeffer

Die Sprossen gut durchwaschen und trockenschwenken. Die Zwiebelröhrchen waschen und in Ringe schneiden. Die Sojasoße, Tabasco und Honig unterrühren und abschmecken.

Pro Omelett brauchen Sie einen halben Eßlöffel Butter, den Sie in der Pfanne heiß werden lassen. Nun verteilen Sie auf dem Pfannenboden ein Viertel der gewürzten Sprossenmenge, verquirlen zwei Eier mit etwas Salz und Pfeffer und gießen sie darüber. Wenn sie gestockt sind, klappen Sie das Omelett zusammen und stellen es warm, bis alle Portionen fertig sind.

Edelrührei

(76)

8 Eier
4 Eßlöffel süße Sahne
Salz, viel frisch gemahlenen Pfeffer
2 Eßlöffel Butter
100 g Gorgonzola oder anderen Blauschimmelkäse
Die Eier mit der Sahne und den Gewürzen verrühren
und in die inzwischen heiße Butter gießen. Die Eimasse
ständig vom Rand der Pfanne nach innen schaben,
damit sie gleichmäßig brät. Zwischendurch schneiden
wir den Käse schnell in Würfel und geben ihn zum
halbfertigen Rührei.
Wenn das Rührei ganz gestockt ist, ist der Käse auch
ein wenig zerlaufen, was dann den unvergleichlichen
Geschmack gibt.

Bauernomelett

(77)

1 kg gekochte Kartoffeln (am besten am Vorabend
kochen)
3 Zwiebeln
1 Bund Schnittlauch
1 Bund Petersilie
4 Eßlöffel Öl oder Butter
4 Eßlöffel geriebenen Emmentaler
4 Eier
1 Tasse Milch
Salz und Pfeffer
Die Kartoffeln schälen. Dann auch die Zwiebeln schälen,
in Würfelchen schneiden und in einer großen
Pfanne im Fett andünsten. Dazu schnippeln wir die
Kartoffeln, die nun mit den Zwiebeln knusprig braten.
Inzwischen werden die Kräuter gewaschen, trockengeschwenkt
und kleingeschnitten.
Die Hälfte der Kräuter geben wir in eine Rührschüssel,
in die auch die Eier, die Milch, der Käse und die Gewürze
kommen. Nun alles verquirlen und über die
Kartoffeln gießen. Bei geringer Hitze stocken lassen
und vor dem Servieren mit den restlichen Kräutern bestreuen.

(78) *Französisches Käseomelett*

8 Eier
Salz, Pfeffer
200 g würzigen, fetten und festen Käse (zum Beispiel Emmentaler)
2 Eßlöffel Butter

Die Eier werden mit einer Prise Salz und Pfeffer sanft mit einer Gabel geschlagen und mit dem geriebenen Käse vermischt. Dann erhitzt man die Butter in einer Pfanne und läßt die Eier-Käse-Masse hineinfließen.

Nach kurzem Anziehen bei höherer Hitze schaltet man zurück – das Omelett soll sich in der Pfanne schütteln lassen – dann läßt man es auf einen Teller gleiten, dreht es mit Hilfe eines Deckels oder eines zweiten Tellers um und schiebt es zurück in die Pfanne, um es auch auf der anderen Seite zu garen.

Dieses Omelett ist blitzschnell gemacht und schmeckt am besten ganz frisch und heiß aus der Pfanne. Es ist im übrigen ausgesprochen sättigend, so daß man es zusammen mit anderen Köstlichkeiten auch unter einer großen Runde aufteilen kann.

(79) *Pilzpfanne*

1 kg Austernpilze
4 Eier
Salz und Pfeffer
1 Strauß Petersilie
2 Eßlöffel Butter

Die Pilze werden gewaschen, geputzt, dann läßt man sie auf einem sauberen Küchentuch abtropfen. Inzwischen kann man die Petersilie verlesen, waschen, trockenschwenken und fein hacken. Dann werden die Pilze in der heißen Butter angedünstet, die Eier untergerührt und mit Salz und Pfeffer gewürzt. Kurz vor dem Servieren die Petersilie dazugeben.

Kapitel 3

Abwechslungsreich gefüllte Pausenteilchen

Das Pausenessen, ob für die Schule, die vormittägliche Kaffeepause im Büro oder die Vesperzeit im Handwerksbetrieb oder auf dem Bau, muß etwas Individuelles sein. Nicht bloß die Geschmäcker, auch die Pausensituationen sind ja verschieden. Wer ordentlich vollwertig gefrühstückt hat, dem wird zur Pause oft schon ein Joghurt oder etwas Obst genügen.

Ganz anders geht es den Frühstücksmuffeln. Wer kurz nach dem Aufstehen noch nichts runterbringt, dem wird zur Pausenzeit der Magen schön knurren, was in der Regel durch ein ordentlich belegtes Brot gestillt werden kann.

Traurige Regel: Wer keine Zeit fürs Frühstück hatte, hatte auch keine Zeit, sich ein Pausenbrot zu schmieren. Was tun? Vom freundlichen Hausmeister die Gummibärchen und Brausestangen, Nußschnitten und Mohrenköpfe, Cola und Zuckerlimonade? Wer sich einen synthetischen Milchshake genehmigt, darf sich hier schon als Gesundheitsfanatiker fühlen.

Wie in den Schulen geht es auch in den Betrieben zu. Vor den Kantinen gibt es Kioske, in denen man neben Zeitungen und Zigaretten Sahnetörtchen und Cremeschnitten angeboten bekommt.

Die Deutsche Gesellschaft für Ernährung hat einmal mehr festgestellt, daß wir gerade am Arbeitsplatz viel zu fett, zu süß und zu salzhaltig essen. Und nach neuesten Berechnungen schlagen die aus Fehlernährung resultierenden Krankheiten mit jährlich 42 Milliarden D-Mark zu Buche. Die Gegenbewegung hat angefangen.

So wurden zum Beispiel im Saarland die Kioske aus den Schulen verbannt: Eltern, Hausmeister und Lehrer haben sich gemeinsam Vollwertbuffets ausgedacht und bieten den Kindern nun statt der ungesunden Süßigkeiten wohlschmeckende Müsli in allen Geschmacksrichtungen, verschiedene Obstsorten und Sauermilchprodukte an. Und es waren die Kinder, die auch dem letzten Skeptiker ganz schnell bewiesen haben, daß auf die bisher so „wichtigen" Süßigkeiten zu verzichten ist.

Der Spaß an der neuen Pausenkultur wirkte ansteckend und bewies, wie leicht Alternativen zu unserer allgemeinen Fehlernährung ihre Anhänger finden können, wenn sie statt mit erhobenem Zeigefinger mit einer Portion Spaß angeboten werden.

Sogar beim Schnellimbiß tut sich was. Immer mehr Stehimbisse werden eröffnet, die anstatt Currywürsten, Hamburger und Pommes frites (oder wenigstens daneben) kleine gefüllte Vollkornbrötchen, Salate oder Käsesnacks anbieten.

Freilich, die Regel ist das noch nicht.

Die meisten Menschen, die sich alternativ ernähren wollen, finden in der Schule oder am Arbeitsplatz keine derartigen Möglichkeiten vor. Also nochmal die Frage: Was tun? Es hilft alles nichts: Wir müssen unsere Pausensnacks selbst zubereiten. Und die Zeit? Und die morgendliche Hektik?

Mein Trick: Vorratswirtschaft, jedenfalls zu entscheidenden Teilen.

Wichtige Bestandteile täglich neuer und damit attraktiver Pausenteilchen kommen dann aus der Gefriertruhe oder dem Gefrierfach.

Die vielen Aufstrich-Ideen ermöglichen Ihnen, Brote schnell attraktiv zu verfeinern und zudem noch mit

Obst, Gemüse oder sauer Eingelegtem (siehe „Einmachen", Seite 194) zu bereichern.
Sauermilchprodukte können Sie mit Zutaten wie Kräutern, eingeweichtem Getreide, Beeren, Obst, Honig,
Gewürzen oder auch Gemüseresten in verschiedensten
Geschmacksrichtungen zubereiten und in Schraubgläser füllen, die sich im Kühlschrank gut halten.
Neben individuell zubereiteten, leckeren Pausenteilchen wünschen sich Kinder vor allem eines: was Gutes
zu trinken. Denn Lernen, Turnen und Toben machen
ziemlich durstig und die Luft in den Schulräumen ist
meist ungesund trocken. Wir tun also gut daran, etwas
mehr Frühstückstee zuzubereiten und mitzugeben.
Oder wir füllen ein anderes Lieblingsgetränk (siehe
Seite 198) in eine Campingflasche.
Bei der „Komposition" eines Pausensnacks sind vier
Dinge zu beachten: Sind genügend vollwertige Sattma-
cher (Vollkornprodukte, Sauermilchprodukte) da?
Gibt es genügend Vitamine?
Ist der Pausensnack geschmacklich und optisch so zubereitet, daß der Verzehr das kleine Fest wird, das man
an einem Arbeitstag einfach braucht?
Sind die individuellen Bedürfnisse und Vorlieben be-
rücksichtigt?
Wenn alle mithelfen (die Morgenmuffel müssen dabei
vielleicht ein bißchen mitgezogen werden), die Vorräte
immer wieder aufgefrischt werden, dann kann es jetzt
losgehen.

80

Obst im Fenster

Dies ist eine süße Obstsülze, die ein Pausenbrot immer wieder attraktiv macht. Sie ist leicht, fruchtig und so erfrischend, daß ein zusätzliches Getränk dadurch meist überflüssig wird. Außerdem ist sie fast rund ums Jahr mit heimischen Früchten zu verwirklichen. Wenn allerdings im Frühjahr die Äpfel ausgehen, schmecken auch die importierten Zitronen oder Orangen sehr gut. Und als Abwechslung zur Apfelsülze gibt es eine Trockenfrüchte-Sülze. Die Trockenfrüchte (man verwendet sie nach Lust und Laune) einweichen und einige Gewürze (Zimt, Nelken) zugeben, die so schön nach Weihnachten duften.

1 kg Obst je nach Jahreszeit
6 Blatt Gelatine
4 Eßlöffel Honig
Saft von 1/2 Zitrone, etwas Zitronenschale
1 Messerspitze Vanillemark
je nach Obstsorten noch weitere Gewürze oder Fruchtsaft

Form vor dem Stürzen der Sülze mit feucht-heißem Lappen abreiben.

Die Gelatine wird in kaltem Wasser eingeweicht, das Obst gewaschen, geputzt und eventuell zerkleinert. Man gibt das Obst mit dem Zitronensaft, der Schale, dem Honig und der Vanille in einen Topf und dünstet es ganz leicht an. Enthält nun das ausgesuchte Obst selbst sehr viel Flüssigkeit, die beim Dünsten austritt, so müssen wir keine weitere Flüssigkeit mehr zugeben. Bei weniger Flüssigkeit im Obst geben wir einige Eßlöffel passenden Fruchtsaft dazu, daß heißt also zu Äpfeln etwas Apfelsaft etc. Das Ganze läßt man dann noch etwa fünf Minuten leicht köcheln, gibt die ausgedrückte Gelatine dazu und gießt alles in eine kalt ausgespülte, längliche Kuchenform, Auflaufform oder in eine Schüssel. Dann kühl stellen und erstarren lassen. Bei Bedarf werden nun von der gestürzten Sülze Scheiben abgeschnitten und zwischen zwei gebutterte oder mit Crème fraîche bestrichene Brotscheiben gelegt.

Apfel im Kressebett

2 Scheiben dunkles Vollkornbrot
2 Eßlöffel Frischkäse
1/2 Apfel
Kresse
Zitronensaft

Das Brot mit dem Frischkäse bestreichen, die gewaschene und trockengeschleuderte Kresse darüberstreuen und den Apfel in dünnen Scheiben daraufschneiden. Die Apfelscheiben mit Zitronensaft beträufeln.

Gesunde Herzen, Bäumchen oder Sterne

Um so hübsch dekorierte Pausenbrote, wie sie hier vorgeschlagen werden, wird sicher so mancher „Milchschnitten" kauender, zum 200sten Mal sein Leberwurstbrot mampfender, Brezeln zupfender Mitschüler Ihr Kind beneiden. Sie brauchen:

1 Scheibe Vollkornbrot
Butter
buntes, kompaktes Gemüse wie z.B. dicke Karotten, Rettich, rote Beete, Kohlrabi, Gurke oder Kürbis – eine Sorte genügt.
Salz, Kräuter sowie Ausstechförmchen für Kinder

Leider bekommt man heute nur sehr selten noch Förmchen aus Blech. Manchmal werden sie, allerdings sehr teuer, auf Flohmärkten angeboten, und wenn man viel Glück hat, findet man auch noch welche im Fachhandel. Für die meisten Gemüsesorten kann man aber auch die mittlerweile üblichen Förmchen aus Plastikmaterial verwenden. Lediglich bei Karotten könnten sie sich als zu weich erweisen. Ich empfehle deshalb für diesen Fall, die Karotten so dünn wie möglich zu schneiden.

Und damit sind wir schon bei der Zubereitung:
Das geputzte, geschälte und gewaschene Gemüse wird in sehr feine Scheiben geschnitten. Daraus werden mit den Förmchen Figuren ausgestochen und auf einem

mit Butter bestrichenen und mit Kräutern bestreuten Brot hübsch angeordnet. So lassen sich, je nach Gemüseart, nach Art der Kräuter und eventuell der Gewürze, sowohl farblich als auch geschmacklich und nicht zuletzt nach Art der verschiedenen Förmchen immer neue Varianten finden. Auch kleine Pausenbrot-Muffel können, wenn sie sich selbst ein solches Brot zurechtmachen, für die gesunde Zwischenmahlzeit begeistert werden.

Eierbrot

〔 83 〕

2 Scheiben Vollkornbrot
1/2 Eßlöffel Butter
2 große Blätter Salat
2 Eier
Salz, Pfeffer, Schnittlauch

Das Brot mit der Hälfte der Butter bestreichen und mit den Salatblättern belegen. Die restliche Butter in der Pfanne erhitzen und die mit Salz und Pfeffer verquirlten Eier zu Rührei braten, den kleingeschnittenen Schnittlauch unterrühren. Das Rührei zwischen die Brotscheiben häufeln.

Dies ist ein sehr sättigendes Pausenbrot, das auch über eine Mittagspause hinweghilft, wenn nachmittags noch Unterricht oder Sport ist. Für die kleine Vormittagspause genügt eine halbe Portion.

Gebratene Pilze

〔 84 〕

Wenn wir uns mal wieder daran erinnern wollen, daß unsere Welt sich in letzten Jahrzehnten nicht nur zum Guten gewandelt hat, brauchen wir bloß an Pilze zu denken. „In die Pilze zu gehen" gehörte früher zu den herrlichsten Wochenendvergnügungen für Kinder und Erwachsene. Die zweitgrößte Gefahr war dabei, frühmorgens einer aufgebrachten Wildsau zu begegnen. Das kam zugegebenermaßen selten vor, aber die Vorstellung gab der Sache einen abenteuerlichen Reiz.

Die größte Gefahr war allerdings, einen giftigen Pilz zu erwischen, der dem eßbaren für das ungeübte Auge täuschend ähnlich sah. Dazu gab es entweder in der

Familie oder in der Nachbarschaft einen echten Pilzkenner, der jeden Fund sorgfältig zu prüfen hatte.

Heute gibt es hundert Gründe, die Pilze im Wald stehen zu lassen.

Viele Sorten sind vom Aussterben bedroht. Mehr als andere Pflanzen speichern Pilze die sich rasch vermehrenden Gifte aus der Umwelt, vor allem Schwermetalle wie Cadmium. Und nicht zuletzt hat die nukleare Wolke von Tschernobyl sie in besonderem Maße mit Becquerel belastet.

Und echte Pilzkenner, die unter hunderten den einzigen giftigen Pilz sofort erkennen, gibt es auch kaum noch. Was also tun?

Statt ganz auf Pilzmahlzeiten zu verzichten, greife ich gelegentlich – auch hier sollte man in der Menge nicht übertreiben – auf das inzwischen vielfältige Angebot an Zuchtpilzen zurück. Einige Pilze züchten wir im Garten selbst. (Auch auf einem größeren Balkon kann man schon kleine Zuchten anlegen). Solche Zuchtpilze sind von den Waldpilzen sehr unterschieden, auch im Geschmack: sie sind im allgemeinen fleischiger und milder. Weil die typischen Waldpilze – Steinpilze, Pfifferlinge oder Maronenröhrlinge – nur in enger Gemeinschaft mit bestimmten Baumarten gedeihen, ist jeder Versuch, sie im Garten zu züchten, zum Scheitern verurteilt. Die Gartenpilze gedeihen auf stets feucht gehaltenem Stroh oder auf Holz. Die Pilzbrut nebst einer Anleitung zur Zucht bekommt man in größeren Gartengeschäften, es gibt aber auch eigene Pilzzuchtbetriebe. Im schattigen oder halbschattigen Bereich des Gartens wachsen die dickeren „Shii-take-Pilze", die auf Holz gezogen werden. Der Kulturträuschling braucht Stroh. Und der Sommerausternseitling wächst auf beiden Untergrundarten prima.

Die Pilzzucht im Garten ist, wenn man die jeweiligen Anleitungen beherzigt, ein Kinderspiel. Und vielleicht können die Kinder tatsächlich die Verantwortung für die eine oder andere Pilzzucht übernehmen.

Die hartnäckigsten Feinde jeder Pilzzucht im Garten sind die Schnecken, die einem das Vergnügen verleiden können. Schneckenzäune helfen. Und im Innern des geschützten Bereiches werden als Schneckenfallen Glasschalen mit Bier in den Boden eingelassen.

Pilze sind reich an Vitamin D und schnell und leicht zu einem schmackhaften Essen zu verarbeiten. Dafür lohnen sich schon ein paar Anstrengungen, auch die Suche nach den richtigen Quellen für gute Zuchtpilze. Pilzrezepte gibt es viel, als Auflage für ein besonderes Schulpausenbrot dürften sie bislang noch nicht entdeckt sein. Wir benötigen:

einen größeren Pilz
einige Tropfen Zitronensaft
1 Eßlöffel Vollkornmehl
1 Ei
Salz, Pfeffer
Vollkornsemmelbrösel
1 Eßlöffel Butter

Den Pilz putzen, waschen, trockentupfen und in Scheiben schneiden. Diese streichen wir ein wenig mit Zitronensaft ein, wenden sie in Öl, in dem mit Salz und Pfeffer verquirlten Ei und dann in den Bröseln und backen sie in der heißen Butter auf beiden Seiten goldbraun. Zwischen zwei Brotscheiben, die mit Salatblättern belegt sind oder mit Scheibchen von Essiggurken, gibt dies, ob lauwarm oder kalt, eine delikate Mahlzeit für die Schulpause. So ein Pilzbrot schmeckt auch heiß als kleine Zwischendurch-Mahlzeit.

85 | Apfeltaschen

Das beste ist, gleich ein paar Apfeltaschen mehr zu machen. Sie lassen sich einfrieren und bei Bedarf aus Kühlschrank oder Gefriertruhe holen.

500 g fein gemahlenen Weizen
0,2 l Milch
2 gehäufte Eßlöffel Butter
1 Ei
2 Eßlöffel Honig
1 Teelöffel Vanillehonig
1 Teelöffel Zitronenhonig
1 Prise Salz
1/2 Würfel Hefe

Die Butter in die Milch geben und beides auf dem Herd lauwarm werden lassen. Zusammen mit dem Ei, den Gewürzen, dem Salz und der Hefe zum Mehl geben und zehn Minuten mit dem Knethaken der Küchenmaschine (oder mit der Hand) kneten. Den Teig zugedeckt an einem warmem Ort 30 Minuten gehen lassen. In der Zwischenzeit die Füllung zubereiten.

Die „Klebestellen" der Tasche mit etwas Ei bestreichen.

Mit einer Mischung aus halbgeschlagenem Eiweiß und Honig bestrichen, sind sie noch leckerer.

500 g säuerliche Äpfel (z.B. Boskop)
2 Eßlöffel Semmelbrösel oder auch
1 Eßlöffel Brösel und 1 Eßlöffel fein gemahlene Haselnüsse
2 Eßlöffel Akazienhonig
1 Teelöffel Vanillehonig
eine Handvoll Rosinen

Die Äpfel waschen, in Viertel schneiden und das Kernhaus entfernen. Danach raspeln wir sie grob und mischen sie mit den übrigen Zutaten.

Aus dem aufgegangenen Teig formen wir eine lange Rolle und schneiden davon Scheiben ab, die, nachdem sie plattgedrückt und etwas ausgerollt wurden, mit der Füllung belegt werden. Den Teig nacheinander von vier Seiten zuklappen.

Die Taschen legen wir dann auf ein eingefettetes oder mit Backpapier belegtes Backblech, lassen sie noch etwas ruhen und backen sie dann bei 180° C etwa 20 Minuten.

Teig und Zubereitung entsprechen dem Rezept für Apfeltaschen; nur die Füllung ist hier verändert:

250 g Sahnequark
1 Ei
1 Eßlöffel Akazienhonig
1 Teelöffel Vanillehonig
1 Teelöffel Zitronenhonig
einige Tropfen Zitronensaft
eine Handvoll Rosinen

86

Käseplätzchen

150 g Vollkornmehl
100 g Butter
50 g geriebener alter Gouda
2 Eigelb
1/2 Teelöffel Paprikapulver
bei Bedarf etwas Salz (Der Käse ist auch salzig,
also unbedingt vorher probieren!)
2 Eßlöffel frisch geriebener Parmesan

Das Mehl, die in Flöckchen geschnittene Butter, ein
Eigelb, den Gouda und das Gewürz kneten wir schnell
zu einem Teig zusammen und stellen diesen etwa 30
Minuten kalt. Dann können wir den Teig ausrollen.
Damit man ihn nicht zu sehr einmehlen muß, und er
sich gut rollen läßt, legt man ihn am besten auf Klar-
sichtfolie; Teig in Quadrate und dann in Dreiecke
schneiden, auf ein mit Backpapier ausgelegtes Blech
legen, mit Eigelb bestreichen, mit Parmesan bestreuen
und bei 145° C 15 Minuten backen.

87

Melanzane

Melanzana heißt auf italienisch eigentlich nichts anderes als Aubergine, bedeutet aber in verschiedenen Gegenden des Landes mehr als das: Dort bezeichnet man
als „melanzane" gebratene Auberginenscheiben mit
würzigen Krusten. Man bekommt sie mehr oder weniger warm an Imbiß-Ständen oder in Geschäften, in denen die überlasteten italienischen Hausfrauen oder
Hausmänner die verschiedensten Köstlichkeiten aus
„Mammas Küche" fix und fertig und nach Art des
Hauses kaufen.

Pro Portion benötigen wir:
1 Scheibe einer mittelgroßen Aubergine (der Länge
nach durchgeschnitten)
etwas Zitronensaft
Salz
1/2 Tomate
1 Knoblauchzehe
1 Teelöffel Vollkornsemmelbrösel

1 Teelöffel Parmesankäse
2 Eßlöffel Olivenöl
Pfeffer, Petersilie

Die Auberginenscheibe wird mit etwas Zitronensaft eingerieben und gesalzen. Dann in wenig heißem Olivenöl auf beiden Seiten kurz anbraten und wegstellen. In dieselbe Pfanne geben wir nun nochmals etwas Olivenöl, rösten die Vollkornsemmelbrösel an, schneiden die Tomate in Würfelchen und geben sie auch dazu. Die Knoblauchzehe wird geschält und dazugepreßt, die Petersilie gewaschen und kleingeschnitten und mit ihr und den Gewürzen abgeschmeckt. Mit Parmesan bestreuen.

Diese Mischung streichen wir auf die Auberginenscheibe und legen sie zwischen zwei leicht gebutterte Brotscheiben. Das schmeckt heiß, warm oder auch kalt und läßt sich mit den einen oder anderen Zutaten variieren.

Grünkernbraten

Mit Grünkernbraten, der sich auch auf Vorrat zubereiten läßt (was sich allerdings erübrigt, wenn Sie öfter Reste vom Vortag haben), können Sie Ihren Kindern ein gesundes, schmackhaftes Pausenbrot zubereiten, das Sie zum Beispiel als „MacVollwert" (siehe Seite 178) dekorieren, aber auch mit vielen anderen Zutaten immer abwechslungsreich zubereiten können.

150 g Grünkernschrot
1/2 l Wasser
1 Würfel Gemüsebrühe
2 Eier
2 Zwiebeln
Öl
Salz, Pfeffer, Paprika
Haferflocken

Den Grünkern in kaltem Wasser auf den Herd setzen. Wenn das Wasser kocht, auf mittlere Hitze zurückschalten. Dann ständig umrühren und solange köcheln lassen, bis die Brühe aufgesaugt ist und sich der Teig vom Topfboden löst. Während der Teig nun auskühlt,

88

schälen wir die Zwiebeln, schneiden sie in Würfelchen und dünsten sie in heißem Öl kurz an.

Zwiebeln, Eier und Gewürze mischen wir unter den Teig und geben noch so viele Haferflocken dazu, daß die Masse zwar noch locker ist, aber nicht mehr zerfällt. Aus dieser Masse backen wir nun in heißem Öl nicht zu große Bratlinge für die Brötchen aus. Sie können die Masse auch auf ein eingefettetes Backblech streichen und im Backofen backen. Im zweiten Fall können Sie den „flachen Braten" nach dem Auskühlen in kleinere Portionsstückchen schneiden.

Grünkernbratlinge oder Stücke vom Blech, die nicht gleich verwendet werden, können Sie gut einfrieren und nach Bedarf verwenden. Morgens oder schon am Vorabend aus dem Gefrierfach holen – und das Pausenbrot ist schnell zubereitet.

〔89〕 *Grünkernbraten, fünfmal anders belegt*

1. Eine Brötchenhälfte, mit Salatblatt garniert, wird mit dem Grünkernbraten belegt. Auf diesen kommen Mayonnaise und Scheiben von hartgekochten Eiern, darüber die zweite Brötchenhälfte, und fertig ist der erste „Grünkernburger".

2. Hier wird die Brötchenhälfte mit einem Salatblatt und Tomatenscheiben belegt, mit Kräutersalz gewürzt und mit Grünkernbraten und der anderen Brötchenhälfte bedeckt.

3. Auf die untere Brötchenhälfte geben wir gleich den Grünkernbraten, darauf Scheiben von einer quer durchgeschnittenen Orange und eine Scheibe Goudakäse, die wir noch reichlich pfeffern.

4. Beide Brötchenhälften mit Butter bestreichen, die untere Hälfte mit dem Grünkernbraten belegen, darauf Sauerkraut verteilen und mit Kümmel bestreuen, zuklappen.

5. Den Grünkernbraten in der Mitte quer durchschneiden, die beiden inneren Seiten mit Crème fraîche bestreichen und mit Gurken-, Radieschenscheiben und

64

Ofenschlupfer (s. S. 106) ▷

fein geschnittenem Schnittlauch füllen. Etwas salzen, zuklappen und aufs Brötchen legen.

Das sind einige Anregungen für eine „schnelle" Küche. Der Phantasie der ganzen Familie sind bei der Erfindung immer neuer „Lieblingsfüllungen" keine Grenzen gesetzt.

Einzeln eingefrorene Bratlinge kleben nicht aneinander.

Brot mit Rettich satt ⟨ 90 ⟩

2 Brotscheiben
1/2 kleinerer Rettich
Butter
Salz, Pfeffer
1 Eßlöffel Rettichsprossen

Die Brotscheiben dünn mit Butter bestreichen. Von dem geputzten und gewaschenen Rettich dünne Scheiben abschneiden und eine Brotscheibe damit belegen. Mit Salz und Pfeffer würzen und die Rettichsprossen daraufstreuen; die zweite Brotscheibe darüber klappen.

Die scharfen Rettichsprossen kann man auch anderweitig zum Würzen nehmen.

Kapitel 4

Süße Schul-
mitbringsel

Auch wenn sich eine Familie vollwertig ernährt und auf die Gesundheit achtet, muß auf kleine Schleckereien nicht verzichtet werden. Besonders in der Umstellungsphase, wenn man sich vom sorglosen „Allesesser" langsam zum Vollwertköstler entwickelt, und die Einschränkung des Zuckerverbrauchs zu Entzugserscheinungen führt, fällt es den Kindern oft schwer zuzuschauen, wie andere Kinder auf dem Schulhof Marshmallows und Schokoriegel kauen, während sie in ihren gesunden sauren Apfel beißen sollen. Es ist kein Trost, wenn Sie jeden Morgen wiederholen: „Dafür mußt du auch nicht jede zweite Woche zum Zahnarzt." Was zählt, ist das dumpfe Gefühl im Magen: „Wieso, grummel, grummel, kriege ich nicht, grummel, was die anderen so happy macht, grummel!"

Außerdem: Oft bekommen die Kinder von ihren Schulfreunden Süßigkeiten angeboten, und sie hätten dann auch gern etwas zum Austeilen: „Probier' doch mal meins. Ist auch nicht schlecht, oder?"

Also: Ab und zu stellen wir unseren Kindern und ihren Freunden die Küche als „Süßigkeitenfabrik" zur Verfügung. Ein andermal laden wir sie alle zu einem nachmittäglichen Pfannkuchenfest ein. So was hilft, Barrieren abzubauen.

Auch wenn Ihre Kinder schon überzeugte Vollwertköstler sind, die so leicht keine „Super-Riesen-

Schoko-Keks-Crossie-Nuts" mehr schwach machen, werden sie sich freuen, etwas zum Naschen zu haben. Wenn Sie Ihren Kindern Süßigkeiten schenken, geben Sie doch mal für die Lehrerin oder den Lehrer was mit. Vielleicht entsteht so ein Gespräch über Süßigkeiten oder Ernährung im allgemeinen in der Schule.

Die schädlichen Wirkungen des „Vitaminräubers" Zucker sollten sich ja mittlerweile hinreichend herumgesprochen haben. Neben Feinmehl ist Zucker dasjenige der Nahrungsmittel, die nur Kalorien liefern und sonst nichts. Damit der Organismus die Zuckerenergie speichern kann, muß er aus seinen Reserven Vitamine und Mineralstoffe abrufen. Neben Vitamin B 12 ist das vor allem Kalzium.

Wenn Ratten einige Wochen mit großen Mengen Zucker ernährt werden, bekommen sie weiche Knochen, bevor sie sterben.

„Zuckerbomben" geben das Gefühl eines kleinen „Push", einer leichten Euphorie und den Eindruck von Leistungssteigerung. Aber was da die verbrauchte Energie sofort zurückzubringen verspricht, raubt sie schließlich nur um so gründlicher. Dieser leicht euphorisierenden und eben auch „tröstenden" Wirkung wegen tendieren manche Wissenschaftler dazu, den Zucker gleichsam als Droge zu definieren. Der englische Arzt und Wissenschaftler John Yudkin sähe die Herstellung und Verbreitung von Industriezucker am liebsten unter Strafe gestellt. Es ist nicht leicht, dem Zucker aus dem Weg zu gehen, da er an vielen Stellen in versteckter Form auftritt: in sehr vielen Konserven und Getränken z.B.. Vollwertige Süßigkeiten sind nie leere Kalorien, sondern sie bringen als gute Gäste Minerale und Vitamine mit, die sie benötigen, um vom Körper aufgenommen zu werden. Hier also ein Reigen von Rezepten dazu.

91 | *Orangenkekse*

250 g Vollkornmehl
125 g Butter
150 g gemahlene Mandeln
2 Eßlöffel süße Sahne
4 Eßlöffel Honig
1 Eßlöffel Vanillehonig
abgeriebene Schale und 4 Eßlöffel Saft einer unbehandelten und gewaschenen Orange

Alle Zutaten werden rasch zusammengeknetet und etwa 15 Minuten kühl gestellt. Dann fetten wir ein Backblech ein, formen aus dem Teig kleine Kugeln, drücken sie auf dem bemehlten Brett flach und backen sie 20 Minuten bei 175° C. (Aufpassen, daß die Kekse nicht zu dunkel werden!)

92 | *Nußriegel*

250 g verschiedene Nüsse, zum Beispiel Haselnüsse, Mandeln und Walnüsse (Sie können auch Sonnenblumenkerne oder Kürbiskerne untermischen)
4 Eßlöffel Honig
1 Teelöffel Vanillehonig
Haferflocken
Öl

Die Nüsse und Kerne werden fein gehackt, der Honig dazugemischt. Nun rühren wir ein wenig Öl und soviel Haferflocken darunter, bis eine streichfähige Masse entsteht. Diese streichen wir etwa einen Zentimeter dick auf ein mit Backpapier ausgelegtes Backblech und backen sie bei 200° C etwa 30 Minuten. Nach dem Auskühlen Riegel abschneiden. Sollte das Gebäck sehr brüchig sein, brechen Sie lieber kleine Stücke ab. Dieser Bruch schmeckt genauso gut wie Riegel.

93 | *Früchteriegel*

400 g Trockenfrüchte nach Belieben
100 g gemahlene Nüsse
2 Eßlöffel Honig
1/2 Teelöffel Vanillehonig

1 Eßlöffel Zitronensaft
1 Prise Nelkenpulver
große rechteckige Oblaten

Die Trockenfrüchte grob zerkleinern und mit dem Schneidestab oder Mixer feinhacken. Anschließend mit den Nüssen, dem Honig, Zitronensaft und Nelkenpulver vermengen. Mit dieser Masse bestreichen wir die Oblaten etwa einen Zentimeter dick und setzen jeweils eine weitere Oblate darauf. Damit alles gut zusammenklebt, legen wir über die Oblaten ein Brett und beschweren dieses mit einem vollen Einmachglas. Wenn Sie die gefüllten Oblaten über Nacht beschweren, können sie am nächsten Tag in Riegel geschnitten werden. Diese kleine Nascherei hat den Vorteil, daß man beim Verzehren durch den Oblatenschutz keine klebrigen Finger bekommt.

Süße Hefebrötchen

94

500 g Mehl
1/4 l Milch
1 Würfel Hefe
3 Eßlöffel Butter
1 Teelöffel Zitronenhonig
3 Eßlöffel Honig
2 Eier
1/2 Tasse Rosinen
1 Prise Salz

Zuerst die Rosinen in lauwarmem Wasser quellen lassen. Die Milch erwärmen, die Hefe hineinbröckeln und auflösen lassen. Zusammen mit dem Mehl, der Butter, dem Honig, den Eiern, den Rosinen und dem Salz den Hefebrei zu einem glatten Teig kneten. Diesen Teig zugedeckt an einen warmen Ort 30 Minuten ruhen lassen. Anschließend auf einem bemehlten Brett zu einer Rolle formen und davon Scheiben abschneiden. Die Scheiben zu Kugeln formen und auf ein gefettetes Backblech setzen. Bei 200° C im Backofen 20 bis 30 Minuten backen. Die Brötchen schmecken mit Butter oder verschiedenen Marmeladen bestrichen oder mit Früchtequark gefüllt.

Hefebrötchen lassen sich gut einfrieren.

95 · Aprikosenpralinees

500 g getrocknete Aprikosen
1/2 l Apfelsaft
1 Zimtstange
3 Nelken
1 Tasse Haselnußkerne
1/2 Tasse Pinienkerne
1/2 Tasse Pistazien
2-3 Eßlöffel Zitronenhonig

Die Aprikosen werden mit der Zimtstange und den Nelken im Apfelsaft etwa 20 Minuten gedünstet. Dann läßt man sie auskühlen und schneidet sie wie ein Brötchen auf. Nun werden die Haselnüsse fein gemahlen, die Pistazien und die Pinienkerne gehackt. Das Ganze wird mit dem Honig vermischt und in die Aprikosen gefüllt.

96 · Haferküßchen

125 g Butter
250 g Vollkornhaferflocken
250 g Trockenfrüchte
2 Eier
2 Eßlöffel Honig
1 Teelöffel Vanillehonig
1/2 Teelöffel Backpulver

Die Butter heiß werden lassen (aber nicht braun), die Haferflocken hineinrühren und auskühlen lassen. Inzwischen die Trockenfrüchte kleinschneiden und Eier, Honig, Gewürzhonig und Backpulver miteinander schaumig rühren. Schaummasse, Haferflocken und Trockenfrüchte miteinander vermischen und mit einem Teelöffel kleine Häufchen auf ein mit Backpapier ausgelegtes Backblech setzen. Im Backofen bei 175° C 20 Minuten backen.

97 · Grüne Marzipankugeln

Ein besonderes Konfekt für besondere Anlässe.
150 g Mandeln
75 g Pistazien

100 g Akazienhonig
1 Eßlöffel Rosenwasser
1 bis 2 Tropfen Bittermandelöl
(beides ist in der Apotheke erhältlich)
Die Mandeln werden mit heißem Wasser überbrüht
und die Haut abgezogen, wie ich das auf Seite 128 beschrieben habe. Mandeln und die Pistazien fein mahlen (getrennt). Von den gemahlenen Pistazien nehmen
wir 2 Eßlöffel ab und streuen sie in einen flachen Teller oder auf ein Arbeitsbrett. Die restlichen Zutaten
werden kräftig zu einer festen, gleichmäßigen Masse
verknetet. Von dieser nimmt man mit einem Teelöffel
Stückchen ab, rollt sie zu Kugeln und wendet sie in
den gemahlenen Pistazien.
Kugeln, die nicht gleich gegessen werden, sollte man
im Kühlschrank aufbewahren.

Röstnüsse

{ 98 }

500 g Haselnüsse
etwas Salz, nach Geschmack auch Pfeffer
Die Nüsse knacken und die Kerne mit kochendem
Wasser überbrühen. So lassen sich ganz einfach die
braunen Häutchen abziehen. (Man muß dabei nur aufpassen, daß man sich nicht die Finger verbrennt!)
Die Kerne jetzt mit einem Küchentuch trockenreiben
und in einer Pfanne bei mittlerer Temperatur goldgelb
rösten, anschließend würzen.
Statt Haselnüssen können Sie Mandeln verwenden.

Kokoschips

{ 99 }

Knabberzeug wie zum Beispiel Kartoffelchips sind bei
den meisten Kindern ebenso beliebt, wie sie bei Müt-
tern als ungesunde „Dickmacher" gefürchtet sind. Allerdings sind es nicht die Kartoffeln, die ungesund sind
und dick machen, sondern das nicht gerade erstklassi-
ge Öl, das zum Fritieren verwendet wird. Hinzu
kommt, daß Chips oft geschwefelt und mit anderen
Konservierungsstoffen behandelt sind.

71

Die Kokosnuß enthält selbst reichlich Öl, so daß Kokoschips ohne zusätzliches Öl in einer trockenen Pfanne gebraten werden können. Man bohrt die Nuß an zwei Stellen an und läßt die „Milch" abfließen.

Dann die Nuß aufsägen oder mit einem Hammer aufschlagen. Da sich aus Kokosnußhälften allerlei basteln läßt, von Musikinstrumenten bis Marionettenpuppen, ziehe ich das langwierigere Sägen vor. Damit sich das Nußfleisch gut herausholen läßt, legen wir die offene Nuß einige Zeit in die Sonne oder auf die Heizung.

Kokosmilch ergibt mit Zitronensaft, Fruchtsäften oder Tees herrliche Erfrischungsgetränke.

Das Nußfleisch schrumpft etwas und löst sich von der Schale. Wir schneiden davon mit dem Sparschäler Scheiben, die in einer trockenen Pfanne kurz gebraten werden. Man kann die Chips mit Kräutersalz, Paprika oder Curry würzen.

⌊100⌉ *Popcorn*

Popcorn ist eine beliebte und, wenn man auf die Zugabe von Salz und Zucker verzichtet und auf die natürliche Mais-Qualität achtet, auch kerngesunde Knabberei.

In einem großen Topf, der mit einem Deckel fest verschließbar sein muß, wird etwas Öl erhitzt. In das heiße Öl geben Sie eine Handvoll Mais, reduzieren die Hitze und verschließen den Topf schnell wieder.

Mit hörbarem Knallen und einem schaumig-weißen Mantel bilden sich die leckeren Knusperknabberkörner.

Ist die Knallerei zu Ende, wird der Topf vom Herd genommen. Mit Honig beträufelt schmecken die heißen „Popkörner" noch besser.

⌊101⌉ *Mandelschäumchen*

3 Eiweiß

3 Eßlöffel dünnflüssigen Honig

1 Teelöffel Zitronensaft

250 g gemahlene Mandeln

Das Eiweiß mit dem Zitronensaft steif schlagen. Unter weiterem Schlagen nach und nach den Honig einfließen lassen. Zum Schluß vorsichtig die gemahlenen Mandeln unterheben und mit einem Teelöffel Häufchen auf ein mit Backpapier belegtes Backblech setzen. (Statt auf Backpapier können Sie die Mandelschäumchen auf Oblaten backen, die sie mitessen können.) Das Ganze dann etwa 15 Minuten bei 175° C zartbraun backen.

Das Eigelb kann für Mayonnaise oder Nudeln verwendet werden.

Nußoblaten   〔102〕

300 g gemahlene Haselnüsse
3 Eßlöffel Honig
1 Prise Salz
1/8 l Sahne
1/2 Teelöffel Zimt
1 Eßlöffel abgeriebene Orangenschale
Oblaten

Man gibt die Nüsse mit dem Honig, dem Salz und der Sahne in einen Topf und läßt die Masse unter Rühren etwas braun werden. Abkühlen lassen.
Zimt und Orangenschale unterrühren, mit einem Teelöffel auf die Oblaten kleine Häufchen setzen und auf das Backblech legen. Im Backofen werden sie dann bei 175° C 20 Minuten gebacken.
Hübsch sieht es aus, wenn man vor dem Backen auf jedes Häufchen noch eine ganze Nuß setzt.

Süße Maisplätzchen   〔103〕

150 g Maismehl
100 g frisch gemahlener Weizen
100 g Butter
3 Eßlöffel Honig
2 Eigelb
1 Teelöffel Zitronenhonig
abgeriebene Schale von einer Zitrone
1 Teelöffel Backpulver
etwas Mehl zum Verarbeiten

Das Maismehl und das Weizenmehl gibt man in eine große Schüssel und formt eine Mulde darin. Dort hinein kommen nun die restlichen Zutaten, aus denen ein

73

glatter Teig gearbeitet wird. Zugedeckt lassen wir den Teig an einem kühlen Ort etwas ruhen. Danach auf einem bemehlten Arbeitsbrett dünn ausrollen und mit einem in Mehl getauchten Glas runde Plätzchen ausstechen. Die legen wir auf ein mit Backpapier ausgelegtes Backblech und backen sie bei 200° C in etwa 15 Minuten goldgelb.

(104) Sesamkekse

125 g Butter
2 Eßlöffel Honig
80 g Sesam
1 Ei
250 g frisch gemahlenen Weizen
1/2 Tasse Milch

Mehl, Ei, Butter, Honig und Sesam zu einem Teig zusammenkneten und eine dünne Rolle formen. Dann Scheibchen abschneiden und auf ein Backblech mit Backpapier legen. Die Scheibchen mit Milch bestreichen und bei 180° C etwa 15 Minuten goldgelb bakken.

Kapitel 5

Kleine Mittags-
pause von
MacVollwert

12 Uhr Mittags – wahrhaftig: high noon. Der Nadel-
drucker rattert noch, der Füller ist noch nicht ganz zugeschraubt, da sind meine Gedanken schon unterwegs.
Ich trete wieder zum Kampf mit der Zeit an – Anna hat
eine Stunde nach Schulschluß ihren Musikunterricht,
und Max muß zum Sport. Was koche ich?
Linsen hatten wir schon lange nicht mehr. Außerdem
sind sie Annas Lieblingsgericht. Ich grüble: Ißt sie in
letzter Zeit nicht weniger als sonst?
Hoffentlich hat der Gemüseladen noch auf, wenn ich
ankomme – Salat gehört dazu. Mein Magen knurrt
auch schon. Können die da vorn an der Kasse nicht ein
bißchen schneller machen? Wo doch die Linsen so lange brauchen! Am liebsten würde ich mir ein Schild ans
Revers heften: Berufstätige Frau mit Kindern. Bitte be-
vorzugt abfertigen. Und die Kassiererin würde aufblik-
ken und sagen: „Ach, eine Mutter, berufstätig. Bitte,
kommen Sie doch vor. „Nanu, da ging doch die Tür?
„Sarah! Du?" „Ja, die letzte Stunde ist ausgefallen."
Jetzt hätte ich doch beinah vergessen, die Linsen zu-
rückzuschalten! Da kommt Max. „Habe ich vielleicht
Kohldampf. Ist das Essen fertig?"
Schon fliegt auch Annas Schulranzen den Gang ent-

lang. „Mama, ich kann heute nichts essen. Echt keinen Appetit."

Und ich habe extra Linsen für sie gekocht. Max muß schon wieder los; Sarah nascht noch einige Blättchen Salat, dann ist auch sie davon. Anna hat sich doch noch zu einem halben Dutzend Löffel Linsen bereit erklärt, und dann ist sie mit mehr oder weniger diplomatischen Ausflüchten verschwunden.

„Ein voller Bauch musiziert nicht gern", oder etwas in der Art. Da sitze ich also ganz allein vor meinem Topf Linsen und kann mich kaum daran erinnern, daß ich mich vor einer Stunde noch auf das Essen gefreut habe.

Planung ist schwer, weil man sich auf nichts verlassen kann, auf die Schulzeiten und die Fahrtzeiten der Busse so wenig wie auf die Launen der Kinder. Hat der Junge nun einen Heißhunger nach einer verpatzten Klassenarbeit? Ißt er nichts, weil sein Freund sauer ist?

Wenn die Eltern arbeiten, und die Kinder zur Schule gehen, ist das ruhige gemeinsame Mittagessen an einem Werktag die Ausnahme. Dieser Umstand hat nicht nur die Fast-Food-Anbieter und die Fertiggerichthersteller begünstigt, sondern auch die Hersteller von schicken und praktischen Geräten, die ständig neue Revolutionen in der Küche versprechen, z. B. der Mikrowellenherd. In Japan erfunden, wo er die allgemeine Energieknappheit und die drangvolle Enge in den Wohnungen lindern helfen sollte, kam er, nachdem bald nahezu jeder japanische Haushalt mit so einem Wunderding ausgestattet war, auch auf den amerikanischen und europäischen Markt. In den Vereinigten Staaten traf er auf das Bedürfnis, einfach und schnell Tiefkühlkost aufzutauen und zu garen, in Europa dagegen verkaufen die Hersteller ihre Geräte mit einem „gesunden"Argument, dem schonenden Garen.

Nun können die gestreßten Hausfrauen und -männer auf Vorrat kochen und jedem Familienmitglied zu jeder Zeit eine „gesunde" und warme Mahlzeit anbieten. Und wer zum Vorkochen und Abpacken keine Lust hat, der kauft sich „Frische, Qualität und Geschmack" für die Tiefkühltruhe, den Mikrowellenherd und schließlich den Tisch. Die Kinder werden von nun an wieder brav zu Hause essen.

Und wenn erst die ganze Republik mit Eismännern, Tiefkühltruhen und Mikrowellenherden standardisiert ist, schmeckt es endlich auch überall gleich, von Garmisch bis Flensburg die gleiche Soße. Und überall auch die gleichen Berge von Styropor, Alubehältern, bunten Etiketten mit strahlenden Kindergesichtern. Dann macht Recycling erst richtig Spaß.

Nur hier und da ein paar „ewig Gestrige", die sich schon vordem für die vollwertige Ernährung entschieden hatten. Sie haben an der Mikrowellenherd-Revolution einfach nicht teilgenommen. Auch nicht, als einige gut-meinende Tiefkühlkosthersteller in ihr Sortiment Vollkornprodukte aufnahmen. Sie bestanden darauf, daß ihr Essen immer frisch zubereitet wird – aus Zutaten, deren Anbau kontrolliert ist!

Genug der Ironie! Noch eine ernste Frage: Was ist mit den Mikrowellen? Befürworter der Mikrowellenherde betonen, daß die Strahlen nicht aus dem Herd „entweichen" können.

Das Bundesgesundheitsamt untersuchte verschiedene Mikrowellenherde auf freiwerdende Strahlen – mit einem bemerkenswerten Ergebnis: Von 101 untersuchten Geräten überschritt die Hälfte den in der Sowjetunion geltenden Grenzwert für Strahlenbelastungen um das Zehnfache! Die andere Hälfte der Geräte erreichte das 20- bis 30fache dieses Wertes. Das Bundesgesundheitsamt sieht darin allerdings keine Gefährdung.

Doch im Haushalt geht es nicht nur um wissenschaftliche, technische und biologische Erkenntnisse, gefragt sind vor allem praktische Erfahrungen, und ein paar davon gibt es schon. Zum Beispiel: Die wasserhaltigen Teile eines Lebensmittels nehmen mehr Energie auf als die fetthaltigen. Folge: Die Käsekruste des Auflaufs ist eßbar, und gleich darauf verbrüht sich der Unkundige am Gemüse ganz gemein die Zunge.

Und noch ein Trost für uns Liebhaber der Vollwertküche, an denen das Zeitalter des Mikrowellenherdes – im besten Sinne: spurlos – vorübergeht: Beim Garen von Gemüse und Kartoffeln auf der normalen Kochplatte wird auch nicht mehr Energie verbraucht als im Mikrowellenherd. Werden mehr als zwei Portionen zubereitet, braucht die Mikrowelle sogar mehr Energie, und beim Garen von Reis und Getreide muß der Mikrowellenherd wohl ganz passen. Zum Beispiel braucht man zum Garen von Reis mit der Mikrowelle zwar dieselbe Zeit wie auf dem konventionellen Herd, aber 80 Prozent mehr Energie.

Muß es also beim Mittagsstreß bleiben? Es muß ja nicht immer gleich ein ganzes Menü sein. Oft sind es gerade die Kleinigkeiten – warm, die uns mittags etwas entspannen lassen und mit dem Arbeitstag versöhnen.

Und die sind sehr schnell und flexibel zuzubereiten, zum Beispiel unsere Spaghetti in scharfer Currysoße von Seite 93, die Knoblauchspaghetti von Seite 93 oder die Zitronen-Tagliatelle von Seite 89.

Für keines der Gerichte, die ich hier zusammengestellt habe, benötigen Sie mehr als 20 Minuten.

Wenn Sie es ein bißchen ausgewogener mögen und dazu noch gerne Rohkost haben, tun es eine Schüssel mit frisch gewaschenem Rohkostgemüse zur Selbstbedienung und eine schnelle Soße, zum Beispiel die von Seite 102, auch. Das macht kaum Arbeit und ist gesundes Kauvergnügen.

Auch Reisgerichte gibt es, die ganz schnell zubereitet sind, wenn man den Schnellkochtopf zu Hilfe nimmt (siehe Seite 215).

Für manche der „Sattmachersalate", die ich vorstelle, brauchen Sie mehr Zeit. Ich habe Ihnen aber vor allem Rezepte aufgeschrieben, die sich vorbereiten lassen. In der „heißen" Phase des Mittags kann es also trotzdem schnell gehen. Bei den Vorbereitungen am Abend vorher können alle mitmachen.

Mein Vorschlag für die Küche der Zukunft: nicht noch mehr Technik bis hin zum elektrischen Umrührer von Instantmilch im Instantkaffee, nicht noch mehr Gift, Abfälle und Gefahrenquellen, sondern lieber ein bißchen mehr familiäre Gemeinschaftsverantwortung. Und ein paar Tricks bei den Rezepten...

Schnelle Reisgerichte

Chinesischer Gemüsereis [105]

350 g Naturreis
3 Eßlöffel Öl
1 Würfel Gemüsebrühe
1 Teelöffel Kurkuma
1 Teelöffel Sesamsamen
1 große Karotte
2 Knoblauchzehen
1 Stange Lauch
2 bis 3 Blattstengel von Knollensellerie
1/2 Kopf Chinakohl (der Länge nach halbiert)
1 Tasse Mungobohnensprossen
3 Eßlöffel Sojasoße
1 Eßlöffel Obstessig
1 Eßlöffel Honig, etwas Chilipulver

Der Reis und die Sesamsamen werden zusammen in eineinhalb Eßlöffel heißem Öl goldgelb angebraten, das Kurkuma wird untergerührt und alles mit Wasser soweit aufgegossen, bis es etwa zwei Finger breit über dem Reisrand steht. Wenn der Reis kocht, kann man den Gemüsebrühwürfel dazugeben, auf kleinste Hitze schalten und zugedeckt garen lassen. Inzwischen schält man die Knoblauchzehen und wäscht die Karotte, den Lauch (s. Seite 205), die Sellerieblätter und den Chinakohl. Dann schneidet man die Karotte in Scheibchen, den Lauch in Ringe, und der Chinakohl wird von oben bis zur Wurzel hin in Streifen geschnitten. Die Sellerieblätter mit den Stielen hackt man möglichst fein.

Besonders gut passen hier Sesamöl oder Sonnenblumenöl.

Nun werden nach und nach zuerst die Karottenscheiben, die Sellerieblätter, der Lauch und der Chinakohl in das restliche erhitzte Öl gegeben, dabei wird ständig mit einem Holzlöffel (wichtig!) umgerührt, der Knoblauch dazugepreßt, und die Sprossen werden daruntergerührt. Zum Schluß rührt man aus der Sojasoße, dem Essig, dem Honig und dem Chilipulver eine Soße und würzt damit die Gemüsepfanne sehr kräftig. Sobald der Reis gar ist, kann man ihn zusammen mit dem Gemüse servieren.

106 Piemonteser Risotto

2 Eßlöffel Butter
300 g Vollwertreis
1 Zwiebel
250 g sehr reife Tomaten
1 l Gemüsebrühe
200 g Käse, z.B. Fontina oder auch Emmentaler
Salz und Pfeffer

Zuerst schält man die Zwiebel und schneidet sie in kleine Würfel. Dann läßt man die Butter sehr heiß werden, dünstet die Zwiebelwürfel glasig an und gibt schließlich den Reis dazu. Dies alles wird kurz durchgerührt, die gewaschenen und kleingeschnittenen Tomaten werden daruntergehoben, und mit der Gemüsebrühe wird das Ganze aufgeschüttet. Sobald es kocht, rührt man nochmal alles durch, schaltet den Herd auf kleinste Stufe und setzt einen Deckel auf den Topf.
Nach etwa 20 Minuten schauen wir nach und kosten den Reis. 20 bis 30 Minuten braucht er etwa, bis er gar ist. Zum Schluß wird der geraspelte Käse untergerührt und mit Pfeffer, wenn man mag, auch noch mit etwas Salz, abgeschmeckt.

107 Risotto à la Milanese

2 Eßlöffel Butter
1 Zwiebel
350 g Vollwert-Rundkornreis
1 1/2 l Gemüsebrühe
1 Knoblauchzehe
1/2 Teelöffel Safranpulver
1 Eßlöffel gewaschene und kleingeschnittene
Salbeiblätter
100 g geriebener Parmesankäse
100 g gepahlte Erbsen
3 Eßlöffel süße Sahne
Salz, Pfeffer

Die Zwiebeln schälen und fein hacken. Die Butter erhitzen, die Zwiebelwürfel und den Reis darin glasig dünsten. Jetzt mit der Gemüsebrühe ablöschen und das

Mahradscha-Toast (s. S. 114) ▷

Safranpulver, die Salbeiblätter und die geschälte und gehackte Knoblauchzehe dazugeben. Wenn der Reis fast gar gekocht ist, rühren Sie die Erbsen, den Käse und die Sahne unter. Zum Schluß schmecken Sie mit Salz und Pfeffer ab.

Reisplatte Tricolori ⟨108⟩

350 g Vollwertreis
1 Eßlöffel Olivenöl
1 Würfel Gemüsebrühe
500 g vollreife Tomaten
1 Teelöffel Butter
Kräutersalz, Pfeffer
einige Tropfen Honig
2 Eßlöffel Pesto (siehe Seite 85)
2 Eßlöffel Crème fraîche

Der Reis wird im heißen Olivenöl kurz angebraten und mit Wasser so weit aufgefüllt, daß das Wasser zwei Finger breit über dem Reis steht. Dann kommt der Gemüsebrühwürfel dazu, und man läßt den Reis bei geringer Hitze sanft garen. Inzwischen wäscht man die Tomaten, schneidet sie in Stückchen und dünstet sie in der heißen Butter an. Mit Kräutersalz, Honig und Pfeffer gewürzt, läßt man sie noch etwa fünf Minuten schmoren.

Wenn der Reis gar ist, in drei Portionen aufteilen. Unter eine Portion werden die Tomaten gemischt, unter die zweite das Pesto und unter die dritte die Crème fraîche, welche noch mit Kräutersalz und Pfeffer gewürzt wird. So dreifarbig (tri colori = drei Farben) richten wir den Reis auf einer Platte an.

Champignonrisotto

350 g Vollwertreis
300 g Champignons
2 große milde Gemüsezwiebeln
1 Eßlöffel Kurkuma
3 Eßlöffel Butter
1 Knoblauchzehe
Kräutersalz, Pfeffer, Parmesankäse
1 Bund Petersilie

Die Champignons putzen, waschen und auf einem sauberen Küchentuch abtropfen lassen. In der Zwischenzeit schälen wir die Zwiebeln und die Knoblauchzehe und schneiden alles möglichst fein. Die Champignons werden ebenfalls in Scheiben geschnitten. Lassen Sie nun in einem nicht zu kleinen Topf die Butter heiß werden, und dünsten Sie darin die Zwiebeln an. Zum Schluß noch die Champignons und das Kurkumapulver dazugeben (siehe Seite 145).

Sind nun auch die Champignons etwas angedünstet und das Kurkuma gut verrührt, kommt der Reis dazu. Er wird vorsichtig untergerührt und mit Wasser oder Gemüsebrühe aufgegossen (die Flüssigkeit sollte den Reis etwa zwei Finger breit überragen). Nun geben wir Knoblauch und Kräutersalz dazu, lassen kurz aufkochen und dann bei milder Hitze zugedeckt noch etwa 30 bis 40 Minuten quellen.

Vor dem Servieren mit reichlich Pfeffer und Parmesan würzen und die gewaschene und gehackte Petersilie unterheben.

Reisberg mit ungarischem Paprikagemüse

〔110〕

500 g Reis
2 Eßlöffel Öl
1 bis 2 Würfel Gemüsebrühe
1 großer Bund Petersilie (oder auch andere Kräuter)
Paprikagemüse
2 Eßlöffel Öl
2 große Zwiebeln
2 rote und 2 grüne Paprikaschoten
2 Tomaten
reichlich Paprikapulver – süßes und scharfes
gemischt
Pfeffer und nach Geschmack Salz
2 Eßlöffel Crème fraîche

Den Reis im heißen Öl etwas anbraten, mit Wasser aufgießen und die Brühwürfel dazugeben. Das Wasser sollte etwa zwei Finger breit über dem Reis stehen. Einmal aufkochen lassen, dann den Herd auf kleinste Stufe zurückschalten und den Reis langsam garkochen. Inzwischen waschen und schneiden wir noch die Petersilie und stellen sie beiseite.

Für das Gemüse schälen wir die Zwiebeln und schneiden sie in Würfelchen. Die Paprikaschoten werden gewaschen, von den Strünken befreit und gewürfelt, ebenso die Tomaten.

Nun dünsten wir alles in heißem Öl. Falls die Flüssigkeit des Gemüses nicht ausreicht, mit Wasser aufgießen und würzen. Kurz vor dem Servieren zieht man die Crème fraîche unter.

Den gegarten Reis vermischen wir mit der Petersilie und drücken ihn fest in eine ausgefettete runde Schüssel. So läßt er sich als „Berg" auf eine Platte stürzen und mit dem Gemüse anrichten.

(111) *Afrikanischer Kürbis-Reis-Topf*

Dieser exotische Reistopf ist schnell gekocht und so beliebt, daß man ihn im Herbst auch als Festessen kredenzen kann.

500 g Vollkornreis
500 g in Würfel geschnittenes Kürbisfleisch
Öl
1 Würfel Gemüsebrühe
2 Zwiebeln
2 Knoblauchzehen
eine Handvoll getrocknete Datteln oder Rosinen
Cayennepfeffer, Muskatblüte, Kurkuma, etwas Salz
Schnittlauch

Die Zwiebeln werden geschält, in Würfel geschnitten und in heißem Öl angedünstet. Den Reis dazugeben, im Öl anbraten und mit Wasser aufgießen, so daß der Reis etwa drei Zentimeter überdeckt ist.

Dahinein geben wir dann nach und nach den Brühwürfel, die zerdrückten Knoblauchzehen, die entkernten und kleingeschnittenen Datteln bzw. Rosinen, das Kürbisfleisch und zum Schluß die Gewürze.

Wenn der Reis gar ist und das Gericht gut abgeschmeckt, kann es, mit kleingeschnittenem Schnittlauch garniert, serviert werden.

Heiße Küchenrenner –
Nudeln mit was drauf

Nudeln sind in der schnellen Küche kaum zu überbieten. Jeden Tag kann es eine andere Version geben. Das Angebot an Nudeln in Form und Zusammensetzung ist fast unerschöpflich.

Am besten richten wir uns bei den Soßen bzw. beim „Obendrauf" nach unseren Küchenvorräten und dem jahreszeitlichen Garten- und Marktangebot.

Da alle hier vorgestellten Nudelbeigaben wirklich sehr schnell zuzubereiten sind, ist es am besten, zuerst das Salzwasser für die Nudeln aufzusetzen und dann erst an die Beigabe zu gehen.

Pesto

⟨112⟩

Wenn Sie mich fragen: Pesto ist die Nudelbeigabe, bei der am meisten Sonne und Kräuterduft eingefangen und für lange Zeit haltbar gemacht ist. Das Rezept stammt aus Italien, aus der Gegend von Genua, und man erzählt sich, daß früher den heimkehrenden Seeleuten stets als erstes Gericht Spaghetti mit Pesto serviert wurde, nicht bloß, um sie mit dem vertraut köstlichen Geschmack willkommen zu heißen, sondern auch, damit sie möglichst schnell das Defizit an frischem Grün (und den dazugehörigen Vitaminen) ausgleichen konnten. Darüberhinaus mußte kein Matrose lange auf sein Essen warten, denn Pesto ist nicht nur ein wohlschmeckendes und gesundes, sondern auch ein schnelles Gericht.

Wenn genug Basilikum vorhanden, gleich eine große Portion Pesto herstellen.

Variante:
Dieses Rezept auch mit anderen Kräutern z. B. Petersilie, Salbei, Oregano oder mit Wildkräutern ausprobieren.

4 Bund Basilikum
2 Eßlöffel geriebener Parmesankäse
eine Handvoll Pinienkerne
1 Knoblauchzehe
Salz, Pfeffer
Olivenöl

Das Basilikum verlesen, waschen und trockenschütteln. Die Knoblauchzehe schälen. Basilikum, Knoblauch, Pinienkerne und Käse im Mixer oder mit dem Schneidestab fein zerhacken, mit Salz und Pfeffer würzen und nach und nach so viel Olivenöl zugeben, bis eine dickflüssige Masse entstanden ist. Vor dem Servieren mischt man noch zwei bis drei Eßlöffel Nudelwasser darunter und zieht dann das Pesto unter die Spaghetti. Gut mit Olivenöl bedeckt, hält es sich im Kühlschrank etwa zwei Wochen. Es läßt sich auch ohne Probleme portionsweise einfrieren.

[113] Rot-Scharfe Hörnchen

6 Eßlöffel Olivenöl
2 rote Paprikaschoten
2 Knoblauchzehen
1/2 getrocknete Peperoni oder Peperoncino
Kräutersalz
dazu Kräuter: z.B. getrocknetes Oregano
Die Paprikaschoten werden gewaschen, von dem Kerngehäuse befreit und in Würfel geschnitten. Die Peperoni schneiden wir in feine Streifen. Alles zusammen im heißen Olivenöl andünsten, die geschälten Knoblauchzehen dazudrücken und das Ganze gut würzen. Am besten schmeckt diese schnelle Soße zu Hörnchennudeln, aber auch mit Spaghetti ergibt sie ein pikantes Gericht.
Wer mag, gibt Parmesankäse obendrauf.

[114] Pilzrahmsoße

500 g Austernpilze oder Champignons
2 Zwiebeln
2 Eßlöffel Butter
1 Eßlöffel Vollkornmehl
1/4 l Wasser
1 Gemüsebrühwürfel
etwas Muskat und Pfeffer
1/2 Becher süße Sahne (100 g)
etwas Petersilie
Die Pilze werden geputzt und gewaschen, in Streifen oder Scheiben geschnitten. Die Zwiebeln schälen, würfeln und in der erhitzten Butter leicht andünsten. Nun kommen die Pilze dazu, und alles dünstet noch einige Zeit, bevor wir das Vollkornmehl darüberstäuben, am besten frisch aus der Handmühle. Umrühren, etwas

dick werden lassen, und mit Gemüsebrühe auffüllen. Gewürze und Sahne dazugeben, zum Schluß die klein-gehackte Petersilie.

Die Pilzrahmsoße schmeckt zu jeder Art von Nudeln; mit weißen Sahnesoßen harmonieren optisch und ge-schmacklich besonders gut grüne Spinat- oder Kräuter-nudeln.

Tomaten-Mozzarellasoße   ⟨115⟩

500 g aromatische Tomaten (also nicht von der Treibhaussorte, von der jede Frucht genauso aus-sieht wie die andere, und auch genauso schmeckt: nämlich nach nichts – für unsere Soße dürfen die Tomaten ruhig auch schon etwas weicher sein)
1 Zwiebel
1 Knoblauchzehe
1/4 Eßlöffel Butter
Salz, Pfeffer, einige Tropfen Honig,
etwas Paprikapulver
1 Becher süße Sahne (200 g)
1 Kugel Mozzarella
ein Sträußchen Basilikum oder eine Prise getrockne-ten Oregano

Die Zwiebel schälen und würfeln. Die Butter läßt man heiß werden, während man die Knoblauchzehe schält. Dann werden die Zwiebelwürfel angedünstet. Man gibt die Tomaten und die zerdrückte Knoblauchzehe dazu, würzt gut und gießt mit der Sahne auf. Den Mozzarella würfeln und in die gut durchgekochte Soße geben.

Die Soße so lange auf kleinster Flamme köcheln las-sen, bis sich der Käse und die Tomatensoße zu einer dickflüssigen Masse verbunden haben.

Zum Schluß kommen die Kräuter dazu. Eine Univer-salsoße für alle Nudelsorten, gerade und gebogene, lange und kurze, dicke und dünne, braune und grüne...

116 Kräutergarten

Mehrere Kräuter – quer durch den Garten, z. B.
Schnittlauch, Knoblauchspitzen, Petersilie, Kerbel,
Dill, Zitronenmelisse, Salbei, in reichlicher Menge
150 g Crème fraîche
1 Eßlöffel Zitronensaft
Pfeffer

Die Kräuter werden kurz unter fließendem Wasser gewaschen und auf ein sauberes, trockenes Küchentuch
gelegt, damit das Wasser gut abtropfen kann. Je nach
Art schneiden, rupfen oder hacken.

Wenn die Nudeln gar sind, nehmen wir zwei Eßlöffel
vom salzigen Nudelwasser ab und rühren es zusammen mit dem Zitronensaft und dem Pfeffer unter die
Crème fraîche, anschließend die Kräuter darunterge-
ben. Das Ganze mit den Nudeln vermischen.

117 Kürbis in Senfsahne

500 g Kürbisfrucht (sollten Sie kein Kürbisstück mit
diesem Gewicht bekommen, machen Sie aus dem Rest
einfach rohgerührte Marmelade – siehe Seite 15)
1 Eßlöffel Butter
1 Tasse Gemüsebrühe
1 Eßlöffel Senf
1/2 Teelöffel Honig
Pfeffer, Salz
1 Becher süße Sahne
Petersilie

Das Kürbisfleisch kleinschneiden, in heißer Butter etwas andünsten und mit Gemüsebrühe aufgießen. Wenn
das Ganze etwa fünf Minuten gekocht hat, mit Senf,
Honig, Salz und Pfeffer würzen, mit der Sahne aufgießen und nochmals kurz kochen.

Vor dem Servieren schmecken wir noch einmal ab und
bestreuen das Nudel-„Obendrauf" mit Petersilie.

Nußsahne 〔118〕

2 Zwiebeln
200 g Walnußkerne, fein gemahlen
3 Eßlöffel Olivenöl
1/4 l starke Gemüsebrühe
1/4 l süße Sahne
Muskat und Pfeffer

Die Zwiebeln schälen und feinschneiden. Das Olivenöl erhitzen und darin die Zwiebeln leicht andünsten. Nun die gemahlenen Nüsse darunterrühren. Mit Gemüsebrühe und Sahne aufgießen und fünf Minuten vorsichtig kochen lassen. Würzen und noch ein wenig kochen lassen, bis die Soße sämig ist.

Diese sehr weiße Sahnesoße paßt in Aussehen und Geschmack am besten zu grünen Nudeln. Falls zur Hand, kann man das Gericht auch noch mit etwas „Grünzeug" garnieren.

Zitronen-Tagliatelle 〔119〕

Dieses italienische „Voressen" wird dort zumeist in Restaurants serviert, die vorwiegend Fischgerichte als Hauptgang anbieten. In der Tat gibt es kaum etwas Besseres, um auf dezente Weise auf Fischgeschmack einzustimmen. Doch ist das Gericht mächtig und charaktervoll genug, um eine Hauptmahlzeit damit zu gestalten. Das heißt, mit etwas Rohkost serviert stellt dieses himmlische Nudelgericht eine vollwertige Mahlzeit dar, die blitzschnell zubereitet werden kann.

1/4 l süße Sahne
2 unbehandelte Zitronen
Salz, Pfeffer, etwas Muskat

Die Zitronen werden gewaschen, abgetrocknet, mit einer feinen Raspel wird die Schale abgerieben. Diese kommt in die erhitzte Sahne. Nun noch mit etwas Zitronensaft, Salz, reichlich Pfeffer und ein wenig Muskat würzen.

120 Nußtrio auf Nudeln

100 g geschälte Haselnüsse
100 g geschälte Walnüsse
100 g geschälte Mandeln
4 Eßlöffel Butter
1 Knoblauchzehe
Kräutersalz, Pfeffer

Alle Nüsse grob hacken. Die Knoblauchzehe schälen und fein würfeln. Dann die Butter erhitzen, Nüsse darin goldgelb anrösten, Knoblauch dazu geben, würzen und über die momentanen Lieblingsnudeln der Familie geben. Grüne Bandnudeln sind ein persönlicher Tip.

121 Käsesahne

2 Eßlöffel Butter
150 g Gorgonzola
1 Becher süße Sahne (200 g)
reichlich frisch gemahlenen Pfeffer
Salz

Die Butter in einem kleinen Topf erhitzen, den gewürfelten Gorgonzola dazugeben und schmelzen lassen, mit Sahne aufgießen, heiß werden lassen und gut abschmecken. Fertig.

Diese Soße schmeckt am besten zu grünen Nudeln, bunten Nudeln, Tortellini, Ravioli oder Kartoffeln.

122 Spinat-Nudeln

500 g Spinat
2 Knoblauchzehen
eine Handvoll Pinienkerne
2 Eßlöffel Butter
Salz, Pfeffer und Muskat

Der Spinat wird geputzt und gewaschen, die Knoblauchzehen geschält und ganz fein gewürfelt. Die Butter heiß werden lassen, die Pinienkerne leicht rösten und den Knoblauch kurz andünsten (wirklich nur kurz, denn sonst kann es leicht geschehen, daß sich ein bitterer Geschmack entwickelt). Dann kommt der Spinat dazu. Gut würzen. Der Spinat soll so lange dünsten, daß seine Knackigkeit noch erhalten bleibt, dann wird er unter die gekochten Nudeln gerührt.

Schwarzwurzelsahne ⟨123⟩

Essig
500 g Schwarzwurzeln
1 Zwiebel
1 Eßlöffel Butter
1/4 l starke Gemüsebrühe
1/4 l Sahne
Muskat, Pfeffer, eventuell noch Salz,
Zwiebelröhrchen, Parmesan

Die Schwarzwurzeln schälen, in Stücke schneiden und gleich in Essigwasser legen, damit sie nicht braun werden. Die Zwiebel schälen und würfeln.
Nun die Butter heiß werden lassen, die Zwiebel und die abgeseihten Schwarzwurzelstücke andünsten und mit der Gemüsebrühe aufgießen. Nachdem das Ganze etwa zehn Minuten gegart hat, wird die Sahne dazugegeben. Würzen und noch etwas einköcheln lassen. Zum Schluß den Parmesan unterrühren und mit den kleingeschnittenen Zwiebelröhrchen die Schwarzwurzelsahne dekorieren.
Diese Soße schmeckt besonders zu grünen Bandnudeln, Grünkernplätzchen, Kartoffelkroketten und Reiskugeln.

Eine ideale Wintersoße.

Im Winter auf der Fensterbank: In einer Schale treibt die Zwiebel grüne Röhrchen, die Sie ernten können.

Brokkolirahm ⟨124⟩

500 g Brokkoli
2 Eßlöffel Butter
1/4 l Gemüsebrühe
1 Becher süße Sahne
100 g gemahlene Mandeln
1 Prise Muskat, einige Tropfen Zitronensaft,
Pfeffer und Salz nach Geschmack

Brokkoli putzen, waschen, kleinschneiden und in der heißen Butter andünsten. Die Mandeln dazugeben, umrühren und mit Brühe und Sahne aufgießen. Nun etwa 15 Minuten köcheln lassen. Mit dem Pürierstab des

Handmixers oder im Mixer pürieren und mit den Gewürzen abschmecken.

Geriebener Parmesankäse, auf Nudeln und Soße gestreut, rundet das vollwerte Pasta-Gericht ab.

(125)

Eier-Nudeln

4 hartgekochte Eier
1 Zwiebel
2 Eßlöffel Butter
2 Eßlöffel Crème fraîche
Kräutersalz, Pfeffer
1 Bund Schnittlauch

Eier sollten mindestens zehn Tage alt sein, frische lassen sich schlecht schälen.

Die Zwiebel schälen, fein schneiden und in heißer Butter andünsten. Crème fraîche dazurühren, mit Kräutersalz und Pfeffer gut würzen. Nun die geschälten und gehackten Eier und den frisch geschnittenen Schnittlauch dazugeben und mit den gekochten Nudeln mischen. Schnell, einfach – und prima!

(126)

Auberginen-Nudeln

2 Auberginen
1 Zwiebel
500 g Tomaten
2 Knoblauchzehen
3 Eßlöffel Olivenöl
Salz, Pfeffer, Rosmarin, Thymian
eine Messerspitze Vollrohrzucker

Die Zwiebel schälen, in Würfel schneiden und in heißem Öl andünsten. Inzwischen die Auberginen waschen und in etwa eineinhalb Zentimeter dicke Würfel schneiden. Zusammen mit den gewaschenen und kleingeschnittenen Tomaten zu den Zwiebeln geben und ab und zu umrühren. Die Knoblauchzehen schälen und in die Gemüsemasse drücken. Nun gut würzen, bei geringer Hitze köcheln lassen, eventuell etwas Wasser dazugießen. Nach etwa zehn Minuten nochmals abschmecken. Das Gemüse auf den Nudeln anrichten.

Knoblauchspaghetti

(127)

4 Knoblauchzehen
Salz
1/2 Tasse Olivenöl
Pfeffer, Parmesankäse

Die Knoblauchzehen schälen, kleinschneiden und auf einem Brettchen mit dem Salz zerdrücken. Das Olivenöl erhitzen, den zerdrückten Knoblauch dazugeben, kurz braten und über die fertig gekochten Spaghetti geben. Alles gut vermischen und mit Pfeffer und Parmesan bestreuen.

Dies ist ein Gericht, das Sie blitzschnell aus dem Ärmel zaubern können. (Und Leute, die Angst haben, daß Knoblauchgeruch die Mitmenschen belästigt, werden mit zunehmender Beliebtheit der „göttlichen Knolle" ja immer seltener.) So ist es für eine kleine Feier ebenso geeignet, wie bei der Ankunft unerwarteter Gäste, oder nach einem ausgedehnten Spaziergang, wenn die Mägen knurren und unbedingt etwas deftiges Warmes her muß.

Verfeinern Sie mit frischer Petersilie

Spaghetti in scharfer Currysoße

(128)

(Farbtafel S. 32)

400-500 g Vollkornspaghetti
3 Eßlöffel Butter
3 Karotten
1/2 getrocknete Chilischote
1 Eßlöffel Currypulver
1/2 Teelöffel Kurkuma
1 kleine Knoblauchzehe
1/2 Becher süße Sahne
1 Bund Schnittlauch

Die Spaghetti werden in viel Salzwasser gargekocht. Dann erhitzt man in einer großen Pfanne oder einem Topf die Butter, schält mit einem Sparschäler der Länge nach die gewaschenen Karotten hinein, dazu kommen die kleingeschnittene Chilischote, das Gewürzpulver und die geschälte und gepreßte Knoblauchzehe. Das Ganze gut durchrühren und mit der Sahne aufgießen.

93

Wenn die Soße richtig blubbert, mischen Sie die Spaghetti unter. Alles gut vermengen und auf Tellern anrichten. Obendrauf verteilen Sie den Schnittlauch, der einzeln der Länge nach durchgeschnitten und über eine Messerkante gezogen wird, so daß er hübsche Kringel bildet. Das ist zwar etwas mühsam, erhöht aber den Augenschmaus.

129 *Nudeln nach chinesischer Art*

1 kg gemischtes Gemüse je nach Jahreszeit (z.B. Karotten, Erbsen, Lauch, Sellerie, Gurken, Chinakohl)

200 g Tofu

5 Eßlöffel Sojasoße

1 Eßlöffel Essig

1 Teelöffel Honig

Pfeffer

Ingwerpulver

Kurkuma

etwas Vollkornmehl oder Weizen aus der

Handmühle

Öl (gut schmeckt Sesamöl, aber es passen auch Sonnenblumen- oder Weizenkeimöl) eventuell

noch etwas Gemüsebrühe

Zuerst schneidet man den Tofu in Würfel und legt ihn in eine Marinade aus Sojasoße, Essig, Honig und Gewürzen. Dann putzt, wäscht und zerkleinert man das Gemüse. Die inzwischen marinierten Tofu-Würfel nimmt man aus der Soße, wendet sie kurz im Mehl oder mahlt Weizen darüber und brät sie im Öl knusprig.

Die gebratenen Würfel vorsichtig herausnehmen und warmstellen. In dieselbe Pfanne, in der der Tofu gebraten wurde, gibt man nun das Gemüse, dünstet es kurz an und gießt dann mit der Tofumarinade auf. Etwa fünf bis zehn Minuten, je nach Gemüseart, läßt man es unter Rühren garen und gibt anschließend die Tofuwürfel dazu. Diese Mischung kann über die Nudeln gegeben werden. Am besten passen dazu Bandnudeln.

Knackige Sattmachersalate

Eiersalat

〔130〕

4 Eier
4 Tomaten
1/2 Knolle Sellerie
2 Schalotten
1 Knoblauchzehe
2 Essiggurken, Salz, Pfeffer
1 Teelöffel Senf, 2 Eßlöffel Essig, 3 Eßlöffel Öl
1 großer Bund Schnittlauch

Die Eier werden in kaltem Wasser aufgesetzt und dann zehn Minuten in sprudelndem Wasser gekocht, zum Schluß noch mit kaltem Wasser abgeschreckt. Inzwischen kann man schon die Tomaten und die Sellerieknolle waschen. Der Sellerie wird geschält und mit der Gemüseraspel grob geraspelt.

Schalotten und Knoblauchzehe werden ebenfalls geschält, die Schalotten ganz fein gewürfelt. Die Knoblauchzehe wird in eine Schüssel gedrückt, in der die Salatsoße angerührt wird. Dahinein kommen auch die Schalotten, Salz, Pfeffer, Essig, Öl und Senf, und alles wird schön sämig gerührt. Nun würfelt man noch die Essiggurken, schneidet die Tomaten in Scheiben, schält und viertelt die gekochten Eier. Diese Zutaten mit dem Sellerie richtet man in der Salatschüssel hübsch an und gießt die Soße darüber. Vor dem Servieren Schnittlauch schneiden und über den Salat streuen.

Herbstsalat mit Knusperkernen

〔131〕

(Farbtafel S. 48)

1 Eßlöffel Öl
2 Eßlöffel Haferflocken
2 Eßlöffel Kürbiskerne
2 Eßlöffel Sonnenblumenkerne
1 kleine Staude Endiviensalat
1 Herzchen Radicchio
1 Apfel, 1 rote kleine Zwiebel

Zuerst läßt man einen Eßlöffel Öl in einer Pfanne heiß werden und röstet die Haferflocken darin. Dazu gibt man die Kürbis- und Sonnenblumenkerne, rührt einige Male um und stellt alles zum Abkühlen auf die Seite. Inzwischen werden die Salate geputzt, gewaschen und mundgerecht zerkleinert. Den Apfel waschen Sie und schneiden ihn in Scheiben. Die geschälte Zwiebel schneiden Sie in feine Ringe.

Soße:

5 Eßlöffel ÖL
3 Eßlöffel Apfelessig
1 Teelöffel Senf
einige Tropfen Honig
Pfeffer
1 Bund Schnittlauch

Den Schnittlauch waschen, in kleine Röllchen schneiden und mit den anderen Soßenzutaten zu einem sämigen Salatdressing rühren. In einer großen Salatschüssel wird nun alles gut durchgemischt und mit dem „Gerösteten" bestreut.

⟨132⟩

Bananen-Reissalat

1 Tasse Naturreis
125 g frische Erbsen
5 mittelgroße Champignons
1 kleine rote Paprikaschote
3 Bananen
Zitronensaft
125 g Sellerie

Der Reis wird in etwa 25-30 Minuten gargekocht, abgeschreckt und kühl gestellt. Die Champignons werden blanchiert, die Erbsen gargekocht, und auch sie läßt man abkühlen.

Die Bananen in Scheiben schneiden, den Sellerie raspeln und mit Zitronensaft beträufeln. Die Paprikaschote in Streifen schneiden.

Erfrischender Kraftspender (s. S. 143) ▷

Soße:

2 Eßlöffel Quark
1 Eßlöffel Mayonnaise
1 Teelöffel Senf
Salz
1 bis 2 Tropfen Sojasoße
1 Teelöffel Zitronensaft
nach Geschmack Curry
Milch

Salatsoße aus diesen Zutaten anrühren und über den gemischten Reissalat geben.

Griechischer Bohnensalat ⟨133⟩

250 g getrocknete weiße Bohnen
2 Tomaten
1 rote und
1 grüne Paprikaschote
1 Knoblauchzehe
1 weiße Zwiebel
einige schwarze Oliven
1 Scheibe Schafskäse
3 Eßlöffel Essig
4 Eßlöffel Olivenöl
1/2 Teelöffel Tomatenmark
Salz, Pfeffer

Die Bohnen werden über Nacht eingeweicht und am nächsten Tag, gut mit Wasser bedeckt, ohne Salz etwa zwei Stunden leicht gekocht.

Das Wasser gießt man ab und läßt die Bohnen abkühlen. In der Zwischenzeit waschen wir Tomaten und Paprika und schälen Zwiebel und Knoblauchzehe.

Aus Essig, Öl, Tomatenmark, Salz, Pfeffer und der fein gewürfelten Knoblauchzehe wird die Salatsoße gerührt und über die Bohnen gegossen. Dies kann nun etwas ziehen, während wir noch die Tomaten in Achtelstückchen schneiden, die Paprika in Streifen oder auch Rosetten (man schneidet von der ganzen Paprika quer Ringe ab), die Zwiebel in feine Streifen und den Käse in quadratische Stückchen teilen. Dies alles und die Oliven mischen wir nun vorsichtig unter die Bohnen.

Bohnen für mehrere Mahlzeiten vorbereiten, da getrocknete Bohnen eine sehr lange Einweich- und Kochzeit benötigen.

Mit den Bohnen einen kleinen Zweig Thymian, Bohnenkraut oder Majoran kochen: Das verhindert Blähungen

Dieser Salat ist besonders im Sommer mit einem Stück Brot ein erfrischendes Hauptgericht, das sich auch gut für ein Picknick eignet.

[134]

Hirsesalat nach Karawanenart

150 g Hirse
1/2 l Gemüsebrühe
1 Bund Lauchzwiebeln
1 Kopf Bittersalat, z. B. Endivie, Romano-
oder Friseesalat
etwa 6 Datteln
eine Handvoll geschälte Mandeln
250 g Joghurt
1 Eßlöffel Obstessig
Salz, Pfeffer, Muskatblütenpulver

Die Hirse in der Gemüsebrühe garkochen (ca. 20 Minuten) und abtropfen lassen. Dann die Zwiebeln putzen, waschen und in feine Streifen schneiden. Den Salat putzen, waschen und in mundgerechte Teile zupfen. Die Datteln werden von ihrem Kern befreit und etwas zerkleinert, die Mandeln gehälftet.

[135]

Den Joghurt rühren wir mit dem Essig glatt, würzen reichlich und mischen alle Salatzutaten gut durch.

Chinesischer Frühlingssalat

250 g Vollkornreis
250 g Zuckerschoten
(nennt man auch Zuckererbsen)
1 Bund Radieschen
3 kleine Karotten
eine Handvoll Mungobohnensprossen
eine Handvoll Reissprossen
2 Frühlingszwiebeln
Für die Soße:
4-5 Eßlöffel Obstessig oder Zitronensaft
1 Eßlöffel Honig
2 Eßlöffel salzige Sojasoße
1 Prise Chilipulver
1 zerdrückte Knoblauchzehe
3 Eßlöffel Öl (meine Empfehlung: Sesamöl)

Zuerst läßt man den Reis in Salzwasser garkochen. In der Zwischenzeit putzt und wäscht man die Zuckererbsen und gibt sie, kurz bevor der Reis fertig ist, noch ein bis zwei Minuten zum Mitgaren dazu. Alles zusammen abgießen und abkühlen lassen.
Die Radieschen putzt und wäscht man und schneidet sie in Scheiben, ebenso die Karotten und die Frühlingszwiebeln (sowohl die Röhrchen als auch die Zwiebeln werden in feine Ringe geschnitten).
Nun rühren wir die Zutaten für die Soße mit einem Schneebesen oder einer Gabel so lange, bis sie eine dickliche Flüssigkeit ergeben, die mit den anderen Zutaten zu einem feinen Salat vermischt wird.

Etikett beachten: Sojasoße ohne Zuckercouleur und Konservierungsstoffe nehmen.

Teil der Radieschen in den Salat mischen (Geschmack!), einige Scheiben (der Farbe und „Knackigkeit" wegen) obenauf legen.

Fruchtiger Zwiebel-Käse-Salat   ⟨136⟩

Ein idealer Wintersalat, wenn Grünes knapp wird.
2 dicke weiße Zwiebeln
3 Blutorangen
2 Scheiben reifer Goudakäse aus dem
Naturkostladen
2 Eßlöffel Obstessig
4 Eßlöffel Öl (Walnußkernöl schmeckt in
diesem Salat am besten)
1 Teelöffel Senf
Salz, reichlich frischgemahlener Pfeffer
Die Zwiebeln schälen und mit dem Gurkenhobel sehr fein hobeln. Die Blutorangen schälen und in kleine Stücke schneiden. Nun Zwiebeln und Orangen mit einer Soße aus Essig, Öl, Senf und Gewürzen vermengen und gut durchziehen lassen. Kurz vor dem Servieren hebt man den in Würfel geschnittenen Käse unter.

(137) *Kartoffel-Mangold-Salat*

750 g Kartoffeln
500 g Mangold
4 hartgekochte Eier
eine Handvoll Walnußkerne
1 Knoblauchzehe
1 Teelöffel Senf
3 Eßlöffel Apfelessig
Pfeffer
2 Eßlöffel neutral schmeckendes Öl
2 Eßlöffel Walnußöl

Die Kartoffeln in der Schale gar kochen und auskühlen lassen (siehe „Küchentip", Seite 101). Die Eier kalt aufsetzen und zehn Minuten kochen lassen. Dann kalt abschrecken und pellen (siehe tip Seite 92). Solange alles kocht, haben wir Zeit, den Mangold zu waschen, trockenzuschwenken und die Stengel abzuschneiden. Auch harte Blatteile des Mangold herausschneiden. Sie können zusammen mit den Stengeln in einer Gemüsesuppe mitgekocht werden. Dann den Mangold in feine Streifen schneiden, die Kartoffeln pellen, in feine Scheiben schneiden, die Eier vierteln. Die Walnußkerne werden grob gehackt, die Knoblauchzehe wird geschält und durch die Presse gedrückt. Aus Knoblauch, Senf, Essig, Pfeffer und Öl rühren wir eine sämige Salatsoße. Die Kartoffeln und den Mangold mischen wir ganz vorsichtig in einer großen Salatschüssel, plazieren am Rand die Eierviertelchen hübsch im Kreis, streuen in die Mitte die Nüsse und übergießen alles gleichmäßig mit der Soße.

(138) *Frühlingssalat mit Haferflocken*

100 g Haferflocken
2 Eßlöffel Butter
1 Bund Frühlingsrettiche oder Radieschen
2 Kohlrabi
1 Bund junge Karotten
1 Bund Frühlingszwiebeln
Schnittsalat
1 Becher saure Sahne (200 g)

Saft von einer Zitrone
Salz, Pfeffer
Sojasoße
etwas Honig
Knoblauchgrün
Die Haferflocken in der heißen Butter rösten und aus-
kühlen lassen. Inzwischen die Rettiche waschen und in
Scheibchen schneiden, die Kohlrabi schälen, ebenfalls
in Scheiben schneiden oder raspeln, die Karotten wa-
schen und schneiden, die Frühlingszwiebeln putzen,
waschen, kleinschneiden, den Salat putzen, waschen
und in mundgerechte Stücke zupfen.
Nun aus der sauren Sahne, dem Zitronensaft und den
Gewürzen eine feine Soße rühren, mit den gesamten
Salatzutaten vorsichtig mischen und mit dem Knoblauchgrün und den Haferflocken bestreuen.

*Das mild schmeckende
Knoblauchgrün ernten
Sie von austreibenden
Knollen.*

Gemüsesalat
mit Pfannkuchenrollen

[139]

750 g geputztes Gemüse, zum Beispiel Karotten,
Erbsen, Kohlrabi, grüne Bohnen, Blumenkohlrös-
chen, je nach Angebot und Saison. Es passen auch
Pilze.
1 Bund Schnittlauch
2 Eier
2 Eßlöffel Weizenvollkornmehl
2 Eßlöffel Milch
1 Prise Salz
1 Bund Petersilie
1 Eßlöffel Butter
1/2 Becher süße Sahne und
1/2 Becher Joghurt
2 Eßlöffel Zitronensaft
1 Eßlöffel Orangensaft
Sojasoße
einige Tropfen Honig, Salz, Pfeffer
Das geputzte Gemüse in kochendem Wasser mit wenig
Salz etwa drei Minuten garen. Dann das Wasser abgießen und das Gemüse auskühlen lassen. In der Zwischenzeit den Schnittlauch und die Petersilie waschen

und trockenschwenken. Den Schnittlauch fein schneiden, die Petersilie von dicken und harten Stengeln befreien und fein hacken. Aus den Eiern, dem Mehl, der Milch, dem Salz und der Petersilie einen Teig rühren und in der heißen Butter sehr dünne Pfannkuchen ausbacken. Noch heiß, sollten sie fest aufgerollt werden.
Ist das Gemüse abgekühlt, schneiden wir es klein und bereiten die Salatsoße.

Unzerkleinertes Gemüse behält mehr Vitamine beim kochen.

Sahne, Joghurt, Zitronensaft und Orangensaft werden gut verrührt und mit den Gewürzen abgeschmeckt.
Die Pfannkuchenrollen in möglichst dünne Scheiben schneiden, zum Salat geben, Schnittlauch darüberstreuen und die Soße dazugießen.

(140) *Maissalat nach Indianerart*

3 Maiskolben
1 rote und 1 grüne Paprikaschote
2 Tomaten
1 Zwiebel
1 Bund Petersilie
3 Eßlöffel Apfelessig
4 Eßlöffel Öl
Salz, Pfeffer
einige Tropfen Honig

Die Maiskolben etwa zehn Minuten in Salzwasser kochen. In der Zwischenzeit die Paprikaschoten waschen und in Würfel schneiden, ebenso die Tomaten. Die Zwiebel schälen und fein würfeln. Die Petersilie wird gewaschen, trockengeschwenkt, verlesen, von den dikken Stengeln befreit und fein gehackt.
Die fertig gekochten Maiskolben aus dem Wasser nehmen und abschrecken. Um die Körner abzulösen, stellen wir sie senkrecht in die Salatschüssel und schaben die Körnerreihen von oben nach unten mit einem Teelöffel vom Strunk. Die Körner werden mit den Paprikawürfeln, der Zwiebel, den Tomaten und der Petersilie vermischt und mit einer Salatsoße aus Essig, Öl, Salz, Pfeffer und Honig übergossen.

Spinatsalat mit Indianerknollen ⌈141⌉

300 g Spinat
2 bis 3 Knollen Topinambur
eine Handvoll Pinienkerne
1 Knoblauchzehe
3 Eßlöffel Zitronensaft
4 Eßlöffel Olivenöl
Kräutersalz, Pfeffer, einige Tropfen Zitronenhonig
Den Spinat putzen (grobe Stiele entfernen), waschen
und trockenschwenken. Die Topinambur-Knollen waschen, schälen und grob raspeln. Die Knoblauchzehe
schälen und ganz fein schneiden. Aus Zitronensaft und
Öl, dem Knoblauch, Kräutersalz, Pfeffer und Zitronenhonig eine Salatmarinade rühren und gut unter Spinat
mit Topinambur und Pinienkerne mischen.

Roter Hafersalat ⌈142⌉

200 g Hafer
3 Knollen Rote Bete
1 Apfel
1 Zwiebel
2 Essiggurken
3 Eßlöffel Obstessig
4 Eßlöffel Öl
Salz, Pfeffer, 1/2 Teelöffel Senf
Honig
Haferkörner über Nacht einweichen und anschließend
noch 30 Minuten kochen, abgießen und abkühlen lassen. Die Rote Bete waschen und schälen, den Apfel
waschen, vierteln, vom Kernhaus befreien und beides
fein raspeln. Dann die Zwiebel schälen und in feine
Würfel schneiden, die Essiggurken ebenfalls fein würfeln. Alle Zutaten vermischen. Aus Essig, Öl und den
Gewürzen bereiten wir die Salatsoße und heben sie unter. Dieser Salat paßt sehr gut zum kalten Buffet.

143

Linsensalat

2 Tassen Linsensprossen
2 Birnen
1 kleiner Kopfsalat
1 Knoblauchzehe
1 Becher saure Sahne
1 Eßlöffel Obstessig
1 Teelöffel Curry
Salz, Pfeffer, etwas Honig
geriebene Ingwerwurzel

Linsen keimen in zwei bis drei Tagen.

Birnen waschen und kleinschneiden, Zitronensaft darüberträufeln. Kopfsalat putzen, waschen und in kleine Teile zupfen. Aus saurer Sahne, Knoblauchzehe, Essig und Gewürzen Salatsoße rühren und unter Sprossen mit Birnen und Kopfsalat heben.

144

Bunter Nudelsalat

250 g Hörnchennudeln
2 Stangen Sellerie
1 kleine rote Paprikaschote
2 Äpfel
1 Essiggurke
1 Becher saure Sahne
1 Knoblauchzehe
2 Eßlöffel Apfelessig
Kräutersalz, Pfeffer,
einige Tropfen Honig
1 Bund Schnittlauch

Dieser Salat eignet sich auch fürs Buffet oder zum Picknick

Hörnchennudeln in reichlich Salzwasser gar kochen, abgießen und kalt abschrecken. Äpfel, Sellerie und Paprika waschen, Paprika von Stiel und Kernen befreien. Sellerie und Paprika in kleine Würfel schneiden, die Essiggurke und die Äpfel würfeln. Die Apfelwürfel mischen wir sofort mit den Würfeln der Essiggurke. Nun schälen wir die Knoblauchzehe und drücken sie in die saure Sahne. Danach mit Essig und mit den Gewürzen eine feine Salatsoße zubereiteen. Alle Salatzutaten mischen und mit Schnittlauch bestreuen.

Kapitel 6

Leckeres am Nachmittag

Normalerweise ist ja am Nachmittag der Hunger nicht so groß, daß man sich etwas brutzeln möchte. Aber in einer Familie mit Kindern ist die erste Regel: Die Ausnahme kommt immer, und sie kommt immer unerwartet. Da räkelt man sich am Wochenende noch wohlig im Bett (und hat nur die Wahl, sich bei der Lektüre von „Das Sein und das Nichts", einem Woolrich-Krimi oder beim Träumen, wollte sagen Meditieren, stören zu lassen), frühstückt dann „kaiserlich" und läßt entsprechend das Mittagessen ausfallen, dann kommt gerade am Nachmittag, wenn es bis zum Abendessen noch reichlich Zeit ist, der Moment, da alle eine gewisse Unruhe überfällt und plötzlich einer verträumt von Waffelbergen oder Pfannkuchen phantasiert. Und irgend jemand spricht es dann aus: Wir haben Hunger! Wenn unangemeldeter Besuch erscheint, den man gern zu einer netten gemeinsamen Mahlzeit einladen würde. Gelegenheiten, bei denen man nachmittags dringend eine Kleinigkeit oder auch eine Nicht-ganz-so-Kleinigkeit braucht, gibt es genug.
Übrigens: Haben Sie keine Angst vor einem Zuviel an Mahlzeiten. Wer sich vollwertig ernährt, kommt so wenig in Gefahr, sich körper- und geistfeindlicher „Völlerei" schuldig zu machen, daß er durchaus mehr als drei Mahlzeiten am Tag zubereiten kann, wenn sich Zeit und Gelegenheit dazu bieten.

Pfannkuchen und Waffeln

(145)

Ofenschlupfer (Farbtafel S. 64)

Dies ist ein Reste- und Sparrezept, das auch anspruchs-
volle Geschmäcker zufriedenstellt. Der Ofenschlupfer
schmeckt zum Frühstück, zur Pause, zum Imbiß zwischendurch und vielen anderen Gelegenheiten mehr.
Er kann ebensogut heiß gegessen werden – zum Beispiel zum Kaffee oder zum Tee, wenn Besuch kommt,
am besten mit Sahne oder auch zu Vanilleeis – wie
kalt (mit denselben Zutaten).

4-6 alte, trockene Vollkornsemmeln
1/2 Liter heiße Milch
5-10 Äpfel (je nach Größe)
4 Eier
4 Eßlöffel Honig
1/2 Teelöffel Schale einer unbehandelten Zitrone
1 Messerspitze Zimt
etwas Butter für die Form

Die Semmeln werden in grobe Scheiben geschnitten,
in eine Schüssel gegeben und mit heißer Milch übergossen. Mit einem großen Deckel oder einem Teller
zugedeckt, läßt man sie gut durchziehen.

Dann werden die Äpfel gewaschen, geviertelt und ent-
kernt. Sie werden unter die Semmelmasse gerührt, und
das Ganze wird in die gefettete Auflaufform gefüllt.

Nun schlagen Sie mit dem Handmixer Eier und Honig
zu einer schaumigen Masse, geben die Gewürze dazu
und gießen sie über die Semmel-Apfel-Mischung.

Lassen Sie den Auflauf im Backofen bei 220° C in 30
Minuten knusprig backen.

Pfannkuchen aus Maismehl (146)

250 g Maismehl
1/2 l kochendes Wasser
1 Tasse Milch
1 Prise Salz
2 Eier
Öl

Das Maismehl gibt man in eine Schüssel und gießt das kochende Wasser dazu. Kurz umrühren und Milch und Salz unterrühren. Nach und nach die Eier dazugeben. In heißem Öl Pfannkuchen ausbacken.

Kräuterpfannkuchen (147)

300 g Vollkornmehl
8 Eier
1 Becher saure Sahne
1 Becher Milch
3 Bund gemischte Kräuter (siehe Seite 88)
etwas Salz
2 Eßlöffel Butter

Das Mehl mit den Eiern, der Sahne, der Milch und dem Salz vermischen und stehenlassen. Dann die Kräuter verlesen, waschen und trockenschwenken, kleinhacken und unter den Teig mischen. Nun mit jeweils einem halben Eßlöffel Butter Pfannkuchen ausbacken.

Zwiebelpfannkuchen (148)

4 Eier
1/4 l Milch
250 g frisches Weizenmehl
4 mittelgroße Zwiebeln
Salz, Pfeffer
Majoran
2 Eßlöffel Butter oder Öl zum Ausbacken

Zuerst verrühren Sie Eier, Milch und Mehl zu einem glatten, zähflüssigen Teig und stellen ihn beiseite.
Nun schälen Sie die Zwiebeln und schneiden sie in dickere Ringe.

*Festen Teig mit kohlen-
säurehaltigem Mineral-
wasser auflockern.*

Zum Ausbacken geben Sie etwas Butter oder Öl in die heiße Pfanne, legen ein Viertel der Zwiebelringe hinein und gießen ein Viertel der Teigmasse darauf. Wenn der Teig sich vom Pfannenboden lösen läßt und auf der einen Seite goldbraun gebacken ist, drehen Sie den Pfannkuchen um und backen ihn auch auf der anderen Seite goldbraun. Den fertigen Pfannkuchen gut würzen.

Die restlichen drei Pfannkuchen werden genauso ausgebacken.

149 · Haferflockenpfannkuchen

150 g grobe Haferflocken
1/2 l Milch
1 Prise Salz
4 Eier
Butter oder Öl zum Ausbacken

Die Milch wird mit dem Salz zum Kochen gebracht und über die Haferflocken gegossen. Die Masse eine Stunde lang zugedeckt ruhen lassen. Jetzt nach und nach die Eier unterschlagen und in einer Pfanne knusprige Pfannkuchen ausbacken.

150 · Kaiserschmarren

150 g Vollkornmehl
4 Eier
1 Teelöffel Vanillehonig
2 Eßlöffel Honig
1/2 l Milch
1 Prise Salz
Rosinen
1 Tasse Apfelsaft
4 Eßlöffel Butter

Die Rosinen waschen, im Apfelsaft einweichen, zudecken und beiseite stellen.

Die Eier in Eigelb und Eiweiß trennen. Das Eiweiß mit dem Salz sehr steif schlagen und beiseite stellen. Nun das Eigelb mit dem Honig zu einer hellen, dickflüssigen Masse schlagen, die Milch, das Mehl und die aus gedrückten Rosinen unterrühren. Zum Schluß vorsichtig den Eischnee unterheben und die Masse in einer großen Pfanne in der heißen Butter bei milder Hitze goldgelb backen. Dann mit Hilfe von zwei Gabeln das „Stück" in der Pfanne in kleinere Stückchen zerreißen und diese unter ständigem Wenden garen.

Vanillewaffeln [151]

125 g Butter
3 Eßlöffel Vanillehonig
3 Eier
150 g ganz frisch gemahlener Weizen
1 Prise Salz
Öl

Die Butter zerkleinern und etwas weich werden lassen. Dann cremig rühren und nach und nach Honig und Eier darunterrühren. Nun Mehl und Salz untermischen und die Waffeln aus jeweils einem Eßlöffel Teig im eingefetteten Waffeleisen backen.

Hefepfannkuchen [152]

Hier ein Grundrezept für wunderbar lockere und knusprige Pfannkuchen, die Sie für ein schnelles Mittagessen leicht auf den Tisch zaubern können. Man braucht:

300 g Weizenmehl
1/4 l lauwarme Milch
1/2 Würfel Hefe
1 Teelöffel Honig
4 Eier
1 Prise Salz
Öl zum Ausbacken

Den Honig gibt man in die Milch, bröckelt auch die Hefe hinein und rührt, bis sich alles aufgelöst hat. Nun kommt das Mehl hinein, das Salz und die Eier. Zugedeckt läßt man nun das Ganze etwa 30 Minuten ruhen, dann kann man die Pfannkuchen ausbacken. Am besten gelingen sie, wenn man kleine Fladen formt, ungefähr drei Stück pro Pfanne. Sie backen dann rasch gleichmäßig durch und bekommen einen schönen

Zu den Hefepfannkuchen passen sowohl Marmelade oder Fruchtkompott als auch Gemüse oder Kräuterquark.

(153) *Zucchinipfannkuchen*

4 kleine Zucchini
4 Eier
100 g Vollkornmehl
100 g Vollkornhaferflocken
Brösel nach Bedarf
Salz, Pfeffer, etwas Zitronensaft
4 Eßlöffel Öl zum Ausbacken

Zuerst verquirlt man die Eier mit Mehl und Haferflocken. Dann werden die Zucchini gewaschen, abgetrocknet und in die Eiermasse geraspelt. Nun noch gut würzen und Pfannkuchen ausbacken.

(154) *Joghurt-Eierkuchen*

200 g frisch gemahlenen Weizen
4 Eier
1 Prise Salz
1/4 l Milch
2 Becher Joghurt
Öl

Alle Zutaten in einer Schüssel gut verrühren und im heißen Öl Eierkuchen ausbacken. „Süßmäulchen" schmeckt dazu Honig oder Marmelade. Versuchen Sie diese Eierkuchen aber auch einmal mit Currybutter oder der scharfen Bananencreme (siehe Seite 20).

(155) *Sesamwaffeln*

125 g frisch gemahlenen Weizen
1/4 l Milch
1 Prise Salz
1 Eßlöffel Honig
3 Eier
1 Eßlöffel Butter
5 Eßlöffel Sesamsamen
Öl

Das Mehl mit der Milch, dem Salz und dem Honig verrühren, nach und nach die Eier, die weiche Butter und die Sesamsamen dazugeben. Das Waffeleisen gut mit Öl auspinseln und die Sesamwaffeln backen. Sie schmecken prima zu Obstsalat.

Haferwaffeln ⌈156⌉

200 g Butter
2 Eßlöffel Honig
1 Teelöffel Vanillehonig
1 Telöffel Zitronenhonig
4 Eier
100 g Haferflocken
100 g frisches Weizenmehl
1/2 Teelöffel Backpulver
1/4 l Milch
Butter oder Öl für das Waffeleisen
Die Butter schaumig rühren und nach und nach Honig, Gewürzhonig und Eier dazugeben. Die Haferflocken mit dem Mehl und dem Backpulver vermengen und diese Mischung zusammen mit der Milch unter die schaumige Masse rühren. Im gefetteten Waffeleisen werden nun knusprige Waffeln gebacken. Die Waffeln brauchen pro Stück etwa vier Minuten.

Schokowaffeln ⌈157⌉

60 g Butter
3 Eier
1/2 Tasse Milch
2 Eßlöffel Honig
200 g frisch gemahlenes Weizenmehl
1/2 Teelöffel Backpulver
3 Eßlöffel Carob (Kakao kann auch verwendet werden, dann nur zwei Eßlöffel und drei Eßlöffel Honig)
Butter oder Öl für das Waffeleisen
Die Butter etwas weich werden lassen und mit den Eiern, Milch und Honig verrühren. Dann Mehl, Backpulver und Caroben oder Kakao dazugeben und etwas quellen lassen. Anschließend das Waffeleisen ausfetten und die Waffeln bei mittlerer Hitze backen.

(158) ## Paprikawaffeln

250 g Mehl
125 g Butter
3 Eier
1/8 l Milch
1 Teelöffel Backpulver
1/2 Teelöffel Paprikapulver
1 Prise Salz
Öl

Die Butter weich werden lassen und mit Mehl, Butter, Milch, Backpulver und Gewürzen verrühren. Nach und nach die Eier unterrühren. Dann das Waffeleisen mit dem Öl einfetten und die Waffeln ausbacken.
Zu dieser Art von Waffeln passen am besten Tsatziki oder Knoblauchbutter und Salat.

(159) ## Käsewaffeln

250 g frisch gemahlenen Weizen
1 Würfel Hefe
1/4 l lauwarme Milch
2 Eier
2 Eßlöffel zerlassene Butter
100 g geriebenen Emmentaler Käse
Salz, Pfeffer
1 Prise Muskat

Die Hefe wird mit etwas lauwarmer Milch vermischt und für etwa zehn Minuten an einen warmen Ort gestellt. Nun gibt man das Mehl in eine Schüssel, formt in der Mitte eine Mulde und gießt die Hefe-Milch-Mischung hinein. Ringsherum kommen alle anderen Zutaten, und man vermengt alles gut mit einem Kochlöffel oder dem Knethaken des Handrührers. Zugedeckt soll der Teig an einem warmen Ort gehen. In das heiße, eingefettete Waffeleisen gibt man dann jeweils zwei Eßlöffel Teig zum Backen.

Gustobrot (s. S. 144) ▷

Abwechslungsreiche Toasts

Traubentoast

4 Scheiben Vollkorntoast
Nußbutter (siehe Seite 30)
100 g Emmentaler
eine Handvoll würzige blaue Trauben
Muskat, Pfeffer

160

Die Brotscheiben werden mit Nußbutter bestrichen. Dann die Trauben waschen, halbieren und mit der Schnittfläche nach unten auf die Brote legen. Nun mit frisch geriebener Muskatnuß (vorsichtig) und frisch gemahlenem Pfeffer (kräftig) würzen und den Käse daraufreiben. Die Brote werden nun im Backofen oder im Grill überbacken, bis der Käse geschmolzen ist.

Vitamintoast

4 Scheiben Vollkorntoast
Orangenbutter (siehe Seite 29)
1 mittelgroße Fenchelknolle mit etwas Grün
1 Grapefruit
Kräutersalz, Pfeffer
4 Scheiben Gouda-Käse

161

Die Fenchelknolle wird gewaschen, das Grün abgeschnitten und beiseite gelegt. Die Knolle vom Wurzelansatz bis zum Grün halbieren, mit den Schnittflächen aufs Schneidebrett legen und in gleicher Richtung in Scheiben schneiden, die sich dann zu Streifen auseinanderbrechen lassen.

„Rosa" Grapefruits schmecken nicht so bitter

Dann schält man die Grapefruit und zerteilt sie ·in Schnitze. Die Brote werden mit Orangenbutter bestrichen und mit Fenchelscheiben belegt. Darauf streuen wir etwas Kräutersalz und belegen dann mit den Grapefruitschnitzen. Die werden etwas gepfeffert und mit Käse bedeckt. Die Brote werden jetzt gegrillt. Wenn der Käse zerläuft, kann man noch mit ein wenig Fenchelgrün dekorieren und servieren.

(162) *Kraut-Paket*

4 Scheiben Vollkornbrot
Knoblauchbutter (siehe Seite 30)
500 g Sauerkraut
Kümmel, Paprika, Zwiebelröhrchen
4 Scheiben reifen Camembert

Die Brotscheiben werden mit der Knoblauchbutter bestrichen, das Kraut locker auseinandergezupft, mit Kümmel gewürzt und darauf verteilt. Dann legt man die Camembertscheiben darauf und überbackt die Toastbrote, bis der Käse zerläuft. Vor dem Servieren bestreuen wir den Käse mit Paprika und Zwiebelröhrchen.

(163) *Maharadscha-Toast* (Farbtafel S. 80)

4 Scheiben Vollkorntoast
1/2 Becher Crème fraîche
1/2 Teelöffel Honig
1/2 Teelöffel Currypulver
nach Geschmack etwas Salz
1 Karotte
2 Bananen
4 Scheiben mittelalten Goudakäse
etwas Petersilie

Zuerst raspeln Sie die Karotte und mischen sie dann mit Crème fraîche, Honig, Curry und eventuell Salz. Das Brot wird leicht vorgetoastet. Sie brauchen dazu nicht unbedingt einen Toaster, das geht genauso gut und schnell in einer trockenen Pfanne. Dann bestreichen Sie die Brote mit der vorbereiteten Mischung, legen Bananenscheiben darauf und belegen sie mit dem Käse. Nun kommen sie in den Grill oder auf die obere Schiene im Backofen (200 ° C) Petersilie obenauf gestreut, gibt dem Toast nun den letzten Pfiff, nicht nur gesundheitlich.

Beerentoast

〔164〕

4 Scheiben Vollkorntoast
etwas Butter
250 g verschiedene Beeren
1 Prise Zimt
100 g gemahlene Haselnüsse
1 Kugel Mozzarella
2 Teelöffel Vanillehonig

Die Toastscheiben werden mit Butter bestrichen. Die Beeren geputzt, gewaschen, zerquetscht und mit dem Zimt und den Nüssen gemischt. Diese Masse verteilt man auf den Brotscheiben, legt jeweils noch eine Scheibe Mozzarella darauf und überbackt alles. Vor dem Servieren den Käse mit Honig beträufeln.

Sprossentoast

〔165〕

4 Scheiben Vollkorntoast
Butter
1/2 Salatgurke
4 Eßlöffel Sojasprossen
2 EL Sojasoße
4 Scheiben Goudakäse
2 Teelöffel Sesamsamen

Die Brotscheiben mit Butter bestreichen. Die Gurke wird gewaschen und in Scheiben geschnitten, anschließend auf den Broten verteilt. Auf die Gurkenscheiben kommen je ein Eßlöffel Sprossen mit je einem halben Eßlöffel Sojasoße gewürzt. Das Ganze bedecken wir mit den Käsescheiben und streuen darauf noch Sesamsamen. Die Toastbrote werden überbacken, bis der Käse zerlaufen ist.

Tomatentoast

〔166〕

4 Scheiben Vollkorntoast
Knoblauchbutter (siehe Seite 30)
4 Tomaten
Salz, Pfeffer
4 Eßlöffel verschiedene gehackte Kräuter
4 Eßlöffel geriebener Parmesankäse
2 Eßlöffel Crème fraîche

Statt Crème fraîche können Sie auch Butterstückchen nehmen.

Die Tomaten werden gewaschen, abgetrocknet und in Scheiben geschnitten. Die verteilen wir auf den gebutterten Toastscheiben und würzen mit wenig Salz und viel Pfeffer. Darauf kommen die Kräuter, und alles wird mit einer Mischung aus dem Parmesankäse und der Crème fraîche abgedeckt.

Die Toastbrote nun unter den Grill oder in den Backofen schieben zum Überbacken.

(167) **Lothringer Toast**

4 Scheiben Vollkorntoast
2 dicke Stangen Lauch
1 Becher Crème fraîche
2 Eier
Salz, Pfeffer
Brösel von Vollkornsemmeln oder
Haferflocken
2 Eßlöffel geriebener Goudakäse

Der Lauch wird geputzt, gewaschen (siehe Seite 205) und in ganz feine Ringe geschnitten. Dann verquirlen wir die Eier, vermischen die Gewürze, die Crème fraîche und geben den kleingeschnittenen Lauch dazu. Hat diese Mischung nun eine einigermaßen feste Konsistenz, so daß nichts mehr auseinanderfließt, kann man sie auf die Toastbrote verteilen, mit Käse bestreuen und unter dem Grill zehn Minuten backen.

Sollte die Masse zu flüssig sein, mischen Sie noch etwas Brösel oder Haferflocken dazu.

(168) **Rettichtoast**

4 Scheiben Vollkorntoast
1 Rettich
1 Apfel
Salz, Pfeffer
1 Eßlöffel Öl
4 Scheiben Camembert
Butter

Rettich und Apfel waschen, den Rettich putzen und den Apfel vom Kernhaus befreien. Beide raspeln, mit Salz und Pfeffer würzen und das Öl unterrühren. Die

Toastscheiben leicht buttern und die Rettich-Apfelmasse darauf verteilen. Obenauf mit dem Käse belegen. So überbacken wir die Toasts, bis der Käse gut zerläuft.

Dörrobst-Toast ⎛169⎞

4 Scheiben Vollkorntoast
2 Tassen ungeschwefeltes Dörrobst (Backpflaumen, Apfelringe etc.)
2 Tassen Apfelsaft
4 Scheiben Goudakäse
frisch gemahlenen Pfeffer

Das Dörrobst im Apfelsaft kurz aufkochen und zehn Minuten aufquellen lassen. Das Obst abtropfen lassen und auf den gebutterten Toastbrotscheiben verteilen. Mit Käse belegen und überbacken. Vor dem Servieren mit Pfeffer bestreuen.

Apfeltoast ⎛170⎞

4 Scheiben Vollkorntoast
4 Eßlöffel Crème fraîche
eine Handvoll Haselnußkerne
einige Tropfen Zitronensaft
1 Messerspitze Honig
Pfeffer aus der Pfeffermühle
etwas Majoran
2 säuerliche Äpfel
4 Scheiben Gouda

Die Haselnüsse werden fein gemahlen und mit Crème fraîche, Zitronensaft, Honig und den Gewürzen vermischt. Diese Masse streichen wir dick auf die Brote, schnetzeln die Äpfel darüber und belegen die Toasts mit dem Käse. Nun schieben wir sie unter den Grill oder backen sie bei 225° C im Backofen, bis der Käse zerläuft.

Orangen-Lauch-Toast

4 Scheiben Vollkorntoast
Nußbutter (s. Seite 30)
1 größere Stange Lauch
1 Teelöffel Butter
Kräutersalz, Pfeffer
1 Orange
100 g Emmentaler

Zuerst den Lauch vorbereiten und kleinschneiden (s. Seite 204). In heißer Butter kurz andünsten und mit Kräutersalz würzen. Inzwischen die Orange schälen und in Schnitze zerteilen. Dann die Toastscheiben mit Nußbutter bestreichen, darauf den Lauch verteilen und darauf die Orangenschnitze. Darüber wird frischer Pfeffer gemahlen und der Käse darauf geraspelt. Dies alles im Backofen oder Grill überbacken.

⌈172⌋ *Avocadotoast*

4 Scheiben Vollkorntoast
2 Avocados
1 große ungespritzte Orange
Salz, Pfeffer
4 Scheiben Edamer Käse
Schnittlauch oder Zwiebelröhrchen

Orange sorgfältig mit warmem Wasser abwaschen, von der Schale werden Spiralen abgeschnitten: mit einem Sparschäler am Stielende der Orange anfangen und ohne Unterbrechung die Schale hauchdünn in „Schneckenhausform" abschälen.

Orangenschalen-Spiralen sind eine hübsche Dekoration für Rohkostplatten oder Mixgetränke

Sind vier kleine Spiralen zur Dekoration abgeschält, befreien wir die Orange von der restlichen Schale und der weißen Schicht, da diese leicht bitter schmeckt. Dann schälen wir die Avocados, schneiden sie der Länge nach durch und teilen jede Hälfte in dünne, Scheiben. Die verteilen wir auf die Toastbrote, salzen und pfeffern etwas und belegen mit Orangenscheiben und Käse. Nun den Toast überbacken bis der Käse zerläuft, mit Schnittlauchröllchen bestreuen und die Spirale draufsetzen.

Blitzgebäck

Holunderküchle

173

In früheren Zeiten gehörte diese süß-herbe kulinarische Köstlichkeit im Frühsommer fast jeden zweiten Tag in den ländlichen Gegenden zum Mittagstisch. Lange dauert die Holunderblütenzeit nicht, und deshalb wollte man die kurze Zeit ausnutzen, um die heute zu Unrecht vergleichsweise gering geachteten Beeren zur Bereicherung des Nahrungsangebots zu verwenden. Meist bestand das einfache Menü aus einer kräftigen Gemüsesuppe und anschließend Holunderküchle mit einem Glas Milch.

Das Gericht geriet genauso in Vergessenheit, wie die Holunderbüsche in unserer Landschaft weniger und weniger wurden. Lange Zeit wurden sie als unnützes „Gestrüpp" und nicht mehr als die „Hausapotheke" der Natur angesehen, als die sie einstmals galten und heute zu gelten beginnen.

In jüngster Zeit taucht diese „Spezialität" wieder bei uns auf. Junge Leute bieten sie auf Märkten, Stadtfesten und bei anderen Gelegenheiten an. In der naturnahen Küche finden Holunderbeeren wieder verstärkt Beachtung. Und so gewinnt die robuste Pflanze wieder an Popularität. Für unsere Holunderküchle braucht man etwa:

12 Blütendolden, ganz abgeschnitten
125 g Weizenmehl
1/8 l Mineralwasser
3 Eier
1 Prise Salz, einige Tropfen Zitronensaft
Öl zum Ausbacken
Akazienhonig

Die Blütendolden vorsichtig ausschütteln, damit eventuell noch darinsitzende Tannennadeln, Staub oder Insekten herausfallen.

Nun das Mehl, das Wasser, Salz und Zitronensaft verrühren und etwas ruhen lassen. Dann erst die Eier unterrühren. Wenn das Öl heiß genug ist (woran man das erkennt, steht auf Seite 153 unter dem Stichwort „Knusperringe"), die Blütendolden am Stiel fassen, durch den Teig ziehen und im Fett goldgelb ausbakken. Auf Küchenpapier abtropfen lassen, mit etwas Honig beträufeln und servieren.

Mit diesen Küchle und Kakao ist ganz schnell ein festliches Nachmittagsmeeting zu organisieren, das größere Kinder schon in eigener Regie übernehmen können.

[174] *Mäusli*

Die Schweizer kennen ein unseren Holunderküchle verwandtes Rezept, das nicht weniger gesund und wohlschmeckend ist. Dabei werden große Salbeiblätter mit einem kleinen Stück Stiel in den Teig getaucht und ausgebacken. En chuaten Appetit!

[175] *Tofu-Himbeeren in Blätterteig*

1 Paket Vollkornblätterteig
200 g Tofu
250 g Himbeeren
1 Eßlöffel Vanillehonig
1 Ei

Die Wassertropfen auf dem Backblech bewirken durch Verdunsten, daß der Teig locker aufgeht.

Den Blätterteig in Quadrate schneiden. Dann den Tofu zusammen mit den Himbeeren zerdrücken, den Honig untermischen und von der Masse jeweils ein Häufchen auf eine Blätterteigscheibe setzen. Nun trennen wir das Ei in Eigelb und Eiklar, bestreichen zunächst die Ränder der Teigscheiben mit Eiklar und falten die Scheiben zu dreieckigen Täschchen, so daß die Tofu-Himbeermasse eingeschlossen ist. Dann werden die Täschchen mit Eigelb bestrichen, auf ein mit kaltem Wasser abgespültes Blech gelegt und im Backofen knusprig gebacken.

Apfelküchle ⟮176⟯

4 große Äpfel
Saft von 2 Zitronen
2 Eßlöffel Honig
150 g frisch gemahlenes Weizenmehl
1 Ei
1/8 l Milch
1 Teelöffel Vanillehonig
Öl zum Ausbacken

Zuerst trennt man das Ei in Eigelb und Eiweiß und rührt aus Mehl, Eigelb, Milch und Vanillehonig einen Teig. Dann werden die Äpfel gewaschen, mit einem Ausstecher die Kerngehäuse entfernt und jeder Apfel in einen Zentimeter breite Ringe geschnitten. Die legt man auf eine flache Platte oder auch auf ein Kuchenblech und übergießt sie mit der Mischung aus Zitronensaft und Honig.

Nun muß noch das Eiweiß sehr steif geschlagen und unter den Teig gezogen werden. Sobald das Öl heiß ist, läßt man die Apfelscheiben nach und nach ein wenig abtropfen, zieht sie durch den Teig und backt sie goldgelb aus. Die Apfelküchle schmecken heiß und kalt; besonders gut passen Sahne oder Vanilleeis dazu.

Überbackener Früchtetraum ⟮177⟯

500 g sehr reife Früchte, zum Beispiel Aprikosen, Pfirsiche, dicke Pflaumen oder Birnen
1 Eßlöffel Butter
2 Eiweiß
3 Eßlöffel Akazienhonig
3 Eßlöffel fein gemahlene Haselnüsse

Die Früchte waschen, abtropfen lassen und, je nach Sorte, entsteinen oder entkernen. Dann eine flache, feuerfeste Form mit der Butter einfetten und die aufgeschnittenen Früchte hineinsetzen. Das Eiweiß wird zu steifem Schnee geschlagen, und unter weiterem Schlagen läßt man den Honig in dünnem Strahl dazufließen. Zum Schluß die Nüsse unterziehen und die Masse auf den Früchten verteilen. Die Form in den auf 175° C vorgeheizten Backofen schieben und die Hauben in etwa 15 Minuten goldbraun backen.

(178)

Brandteigkrapfen

1/4 l Wasser
3 Eßlöffel Butter
1 gute Prise Salz
1 Teelöffel Zitronenhonig
200 g frisches Weizenmehl
5 Eier
etwa 2 l Pflanzenöl zum Ausbacken
Marmelade zum Füllen
Zimt
Eiweiß
1 Teelöffel Vanillehonig zum Bestreichen

Das Wasser mit der Butter, dem Salz und dem Honig in einem Topf zum Kochen bringen und das Mehl dazugeben. Nun auf kleine Stufe zurückschalten und schnell rühren, bis sich die Masse vom Topfrand löst und ein Kloß entstanden ist. Jetzt kann man den Topf vom Herd nehmen und ein Ei in den Kloß einrühren. Etwas abkühlen lassen und nach und nach die restlichen Eier sorgfältig unterrühren. Dann sticht man mit einem Löffel kleine Klößchen vom Teig ab und läßt sie in das heiße Fett gleiten.

Nach etwa vier Minuten die Bällchen im Fett wenden, nach weiteren vier Minuten mit einem Schaumlöffel herausnehmen und auf Küchenpapier abtropfen lassen.

An einem kalt abgespülten Löffel bleibt der Teig nicht kleben

In einen Spritzbeutel, dem man eine feine Lochtülle vorsetzt, füllt man Marmelade oder roh gerührte Konfitüre (siehe Seite 15), sticht die Krapfen an und füllt sie mit der süßen Masse. Nun schlägt man das Eiweiß halb schaumig, mischt Honig und Zimt darunter und streicht mit dem Backpinsel die Masse auf die Krapfen.

Kirschplätzchen

〔179〕

4 alte Vollkornsemmeln
4 Eßlöffel Vollkornmehl
1 Tasse Milch
2 Eier
2 Eßlöffel Honig
1 Messerspitze Zimt
500 g Kirschen
Öl zum Ausbacken

Die Semmeln werden in Wasser eingeweicht und dann fest ausgedrückt. Während die Semmeln weichen, kann man die Kirschen waschen und entsteinen. Dann zupft man die Semmeln in kleine Stückchen und vermengt sie mit dem Mehl, der Milch, den Eiern, dem Honig und dem Zimt. Zum Schluß werden die Kirschen untergehoben, mit einem Löffel kleine Teigstückchen abgestochen und in dem heißen Öl knusprig gebraten.

Süße Grünkernklößchen

〔180〕

150 g Grünkernschrot
100 g Haselnüsse
1/2 l Wasser
1/4 l Milch
1 Prise Salz
1 Ei
2 Eßlöffel Zitronenhonig
Öl zum Braten

Der Schrot wird mit dem kalten Wasser, der Milch und dem Salz aufgesetzt und bei geringer Hitze und ständigem Rühren etwa 15 Minuten gegart. Dann mahlt man etwa die Hälfte der Haselnüsse fein, die andere Hälfte wird grob gehackt.

Wenn die Grünkernmasse etwas abgekühlt ist, rührt man die Nüsse, das Ei und den Honig darunter. Die Masse soll gut gebunden sein. Notfalls muß man noch mit etwas Mehl oder Haferflocken nachhelfen. Mit einem feuchten Löffel kann man nun Klößchen abstechen und im Öl goldgelb braten.

Quarkplätzchen mit Tomatensoße

Tomatensoße (wegen der längeren Kochzeit zuerst zubereiten):

1 kg Tomaten
4 Eßlöffel Olivenöl
2 Knoblauchzehen
1 Zweig Rosmarin
1 Zweig Thymian
Salz, Pfeffer
1/8 l Gemüsebrühe

Die gewaschenen Tomaten schneiden wir in Würfel und dünsten sie in heißem Öl an. Anschließend kommen die gepreßten Knoblauchzehen sowie alle Gewürze und Kräuter dazu. Gut durchrühren, mit Gemüsebrühe auffüllen und etwa 15 Minuten leicht kochen lassen.

Quarkplätzchen:

500 g Quark
2 Eier
100 g Vollkornsemmelbrösel
Salz, Pfeffer,
beliebige Kräuter und Knoblauch
Öl zum Braten

Süße Variante: mit Zimt und Fruchtkompott

Man vermengt den Quark mit den Eiern, Semmelbröseln, Gewürzen und den gewaschenen und kleingehackten Kräutern. Aus dem Teig werden runde Plätzchen geformt. Diese brät man in heißem Öl auf beiden Seiten goldgelb.

Kapitel 7

Leichte Abendküche

Im Wochenalltag liegen bei manchen Familien die Termine für Arbeit, Schule und Freizeitaktivitäten gelegentlich so ungünstig, daß sich die einzelnen Familienmitglieder nur ab und zu einmal kurz in der Küche begegnen, wenn sich der eine gerade mit einem belegten Brot aus der Tür drückt, während der andere sich mit einem Riesenhunger auf die Vorräte stürzt.

Die Stimmung ist ein bißchen gereizt; man ist sich gegenseitig im Weg und hinterläßt in der Küche ein „Schlachtfeld", das in keinem Verhältnis zu den Ergebnissen solcher Blitzaktionen steht. Das sind die Gelegenheiten, bei denen man sich nach einem deftigen, warmen Essen sehnt, das nicht zu viel Arbeit macht, bei dem alle mithelfen könnten, und bei dem, verflixt nochmal, auch ein bißchen Ruhe einkehrt. Naja.

Also verschieben wir es auf den Abend.

Für solche Gelegenheiten hier ein paar Rezeptideen, bei denen sich die Arbeit im wesentlichen auf das Putzen, Waschen, Schälen und Schneiden von Obst und Gemüse beschränkt. Und wenn Kinder oder Mann mithelfen, kann das Ganze zu einer netten Plauderrunde werden, in der wir von den Ereignissen des Tages erzählen, Musik hören oder auch schon mal „Probleme wälzen". Und wenn Gäste da sind – bitte sehr, wir haben genügend Wasser, Sparschäler, Siebe und Teller.

Bei den „Sachen" der Kleinen schauen wir noch mal nach, ob auch wirklich alles weggeschält ist, was weggeschält werden muß. Ein Teil wird zu Rohkost, der andere Teil wird zu schmackhaften Aufläufen oder Eintöpfen verarbeitet. Dabei spart man Kochgeschirr, und während der Garzeit muß man sich praktisch nicht um das Essen kümmern. Das gibt Zeit, um die Hausaufgaben noch einmal durchzugehen, endlich den dringenden Brief zu schreiben oder ein Spiel zu spielen. Sogar ein kleiner Abendspaziergang ist drin.

Das fertige Gericht kommt umstandslos in Backform oder Kochtopf auf den Tisch. Und die Reste ergeben am nächsten Tag eine willkommene Zwischendurchmahlzeit.

Aufläufe

[182] *Reisauflauf nach Sultans Art*

300 g Naturreis
2 Eßlöffel Butter
1 große Zwiebel
2 Knoblauchzehen
1 Würfel Gemüsebrühe
1 Tasse geschälte Mandeln
1/2 Tasse Sultaninen
1 Becher Joghurt
2 Eier
1 Eßlöffel Curry
1 Bund Petersilie
Muskat
Kräutersalz und Pfeffer
Butter zum Ausfetten der Form

Zuerst schält man die Zwiebel und die Knoblauchzehen und schneidet sie in feine Würfel. Dann werden die Zwiebel und die Mandeln in der heißen Butter angedünstet, der Reis dazugegeben und alles goldgelb gebraten. Nun gießt man so viel Wasser auf, bis es etwa zwei Finger breit über dem Reisrand steht und gibt den Knoblauch und den Brühwürfel dazu.

Wenn das Ganze zu kochen anfängt, auf kleinste Hitze zurückschalten und den Reis zu Ende garen lassen. Dann werden die Sultaninen gewaschen, die Petersilie wird verlesen, gewaschen, trockengeschwenkt und kleingeschnitten. Eier, Joghurt, Sultaninen, Petersilie und Curry können wir dann vermischen und kräftig mit Kräutersalz, Muskat und ein wenig Pfeffer abschmecken.

Wenn der Reis gar ist, wird er daruntergehoben, alles in eine gefettete Auflaufform gegeben und bei 180° C etwa 45 Minuten gebacken. Den Auflauf kann man heiß und kalt essen. Man kann ihn also auch für ein Picknick vorbereiten. Mir schmeckt er aber am besten ganz heiß aus dem Ofen, mit frisch gemahlenem Pfeffer bestreut und viel grünem Salat dazu.

Kartoffel-Champignon-Auflauf ⟨183⟩

1 kg Kartoffeln
500 g Champignons
1 Bund Petersilie
Pfeffer, Kräutersalz
2 Eßlöffel Butter
1 Becher saure Sahne
1 Becher süße Sahne

Die Champignons putzen, waschen und auf einem sauberen Küchentuch abtropfen lassen. Die Kartoffeln werden gewaschen und geschält. Dann streichen wir eine Auflaufform mit Butter aus, schneiden die Kartoffeln und die Champignons in Scheiben und schichten sie in die Form. Mit Kräutersalz und Pfeffer würzen. Zum Schluß die Petersilie waschen, trockenschwenken, von den Stengeln abzupfen und fein hacken. Saure und süße Sahne mit Petersilie mischen und über den Auflauf gießen. Bei 200° C etwa 40 Minuten garen. Falls die obere Kruste zu braun wird, legen Sie Alufolie darüber.

184

Roter Hirseauflauf

250 g Hirse
1/2 l Wasser
500 g Kirschen
50 g Mandeln
50 g Butter
5 Eßlöffel Honig
3 Eier
Fett für die Auflaufform

Die Hirse ein paar Minuten im Wasser kochen lassen, dann beiseite stellen und quellen lassen.

Nun die Kirschen waschen und entsteinen, die Mandeln schälen.

Mandeln schälen: in kochendheißes Wasser werfen und danach mit kaltem Wasser abschrecken

Die Butter mit dem Honig und dem Eigelb zu einer schaumigen Masse rühren. Dann gibt man Hirse, Mandeln und Kirschen dazu und zum Schluß das steifgeschlagene Eiweiß.

Die Masse wird nun in eine Auflaufform gefüllt und auf unterster Schiene des Backofens eine Stunde bei 200° C gebacken.

185

Haferflockenauflauf, süß oder salzig

250 g grobe Vollkornhaferflocken
1 l Milch
4 Eßlöffel Butter
1 Ei
eine Handvoll Sonnenblumenkerne
1 Prise Salz

Die Haferflocken mit der Milch, zwei Eßlöffeln Butter und dem Salz aufkochen und zu einem dicken Brei quellen lassen. Anschließend rühren wir das Eigelb und die Sonnenblumenkerne hinein, schlagen das Eiweiß steif und heben es leicht unter.

Mit der restlichen Butter fetten wir eine Auflaufform aus, füllen den Teig hinein und backen ihn bei 200° C etwa 30 bis 40 Minuten. Dann kann der fertige Auflauf zu süßem Kompott, zu frisch gerührtem Beerengemüse, zu Sahne mit Honig oder Marmelade serviert wer-

Marmoreier (s. S. 145) ▷

den. Aber auch Champignons in Sahnesoße (siehe Seite 86), Tomatensoße oder geschmortes Gemüse passen gut dazu.

Italienischer Polentaauflauf {#186}

200 g Maisgrieß ("Polentagrieß")
125 g Butter
Salz, Muskat, Pfeffer
500 g Tomaten
500 g Auberginen
500 g Zwiebeln
500 g Zucchini
2 Knoblauchzehen
5 Eßlöffel Olivenöl
Kräutersalz, einige Zweige Thymian, etwas getrockneter Oregano
100 g Pecorino (ein italienischer Käse, der ähnlich wie Parmesan schmeckt, aber viel preiswerter ist und leichter schmilzt)

Einen dreiviertel Liter Wasser mit der Butter und etwas Salz aufkochen, den Grieß einstreuen und unter ständigem, aber sanftem Umrühren köcheln lassen, auf die geringste Hitzestufe zurückschalten und den Topf zudecken. Nun muß nur noch gelegentlich umgerührt werden. In 30 Minuten ist die Polenta fertig.

In Italien, dem Ursprungsland der Polenta, lassen es sich noch heute viele Köche und Wirte nicht nehmen, die Polenta „stundenlang" in einem großen Kessel über dem Feuer zu rühren. Und mit hineingerührt werden dann Geschichten und Anekdoten, denn die Polenta, so ein altes Sprichwort, braucht Liebe, Zeit und Phantasie, und nur in dieser Mischung aus Gastronomie und Geschichtenerzählen schmeckt die Polenta so gut, daß viele Italiener am Wochenende weit fahren, um dorthin zu gelangen, wo es die beste Polenta und die amüsantesten Geschichten gibt.

Während die Polenta köchelt, können wir schon das Gemüse waschen und in Würfel schneiden, Zwiebeln und Knoblauchzehen schälen und fein schneiden. Nun drei Eßlöffel Olivenöl erhitzen, alles zusammen gut andünsten und mit Kräutersalz, Pfeffer, Thymian und Oregano würzen. Sind Polenta und Gemüse fertig, fetten wir mit einem Eßlöffel Olivenöl eine Auflaufform aus, geben schichtweise Polenta und Gemüse hinein, zuletzt wieder Polenta, dann träufeln wir das restliche Olivenöl darauf, und schließlich wird der Käse darüber gerieben. Bei 200° C braucht unser Auflauf nun etwa eine halbe Stunde bis zu seiner Vollendung.

187 *Pasta-Auflauf mit Sommergemüse*

300 g Vollkornnudeln
500 g Tomaten
1 größere Aubergine
3 kleinere Zucchini
200 g gepalte Erbsen
250 g dünne Karotten
2 Knoblauchzehen
1 Sträußchen Thymian
3 Eier
1/2 Tasse süße Sahne
100 g Emmentaler
Salz, Pfeffer, Paprika
Öl, Butter

Mit hohlen Nudeln wie Rigatoni, Makkaroni oder Hörnchen wird der Auflauf luftiger

Die Nudeln in Salzwasser gar kochen, so daß sie noch einen kernigen Biß haben, und mit kaltem Wasser abschrecken, um ein Zusammenklumpen zu verhindern. Das Gemüse waschen, die Tomaten in kleine, die Aubergine in größere Würfel schneiden. Die Gemüsearten werden eine nach der anderen in Öl angedünstet. Nach und nach schichten wir sie anschließend in eine gefettete Auflaufform, und zwar eine Schicht Nudeln, eine Schicht Karotten und Erbsen, die Auberginen, eine Schicht Tomaten, dann wieder Nudeln und darauf die Zucchini, die Karotten und die Erbsen, zuletzt eine Schicht Nudeln.
Die Soße, die darüberkommt, wird aus den verquirlten Eiern, der Sahne, dem feingeriebenen Käse, den Thymianblättchen, den zerdrückten Knoblauchzehen und den Gewürzen zusammengemischt. Als „Krönung" kommen auf den Auflauf noch ein paar Butterflöckchen.

Der Pasta-Auflauf wird im Backrohr bei 200° C etwa 45 Minuten gebacken.

Deftiger Winterauflauf ⟮188⟯

1 kg Kartoffeln
500 g Äpfel
1 Dose Sauerkraut
3 Zwiebeln
3 Eßlöffel Butter
Salz, Pfeffer, Kümmel, Majoran
1 Becher süße und
1 Becher saure Sahne

Die Kartoffeln waschen und mit wenig Wasser im Dampfkochtopf etwa drei Minuten garen, dann die Kochplatte abschalten und mit der Resthitze fertig garen. Inzwischen die Zwiebeln schälen und in Würfel schneiden. Die Äpfel waschen, vierteln, Stiel und Kernhaus ausschneiden und würfeln.

Die fertigen Kartoffeln schälen und würfeln. Die Zwiebeln werden in einem Eßlöffel heißer Butter glasig gedünstet und ein Teil unter die Kartoffelwürfel, der andere unter die Apfelwürfel gemischt. Die Kartoffel-Zwiebel-Mischung mit Pfeffer und Majoran würzen.

Nun fetten wir mit zwei Eßlöffeln Butter eine Auflaufform aus. In der Reihenfolge Sauerkraut, Äpfel, Kartoffeln nacheinander die Auflaufform füllen. Zum Schluß die zwei Becher Sahne mischen, darübergießen, und den Auflauf 40 Minuten bei 200° C backen. Wenn er zu braun zu werden droht, muß er abgedeckt werden.

(189) *Gefüllte Paprikaschoten*

4 Paprikaschoten (Ich meine, daß die roten das
ausgeprägteste Aroma besitzen.)
1 Tasse Vollwertreis
2 Zwiebeln
2 Eßlöffel Olivenöl
1 Teelöffel Kurkuma
3 Tassen Gemüsebrühe
1 Tasse Erbsen (frisch oder tiefgekühlt)
2 Eier
Salz, Pfeffer, Oregano, süßes Paprikapulver
1 Eßlöffel Crème fraîche
2 Eßlöffel geriebenen Emmentaler Käse

Zuerst die Zwiebeln schälen, in Würfel schneiden und
im Olivenöl andünsten. Darin auch den Reis andünsten
und mit Kurkuma würzen. Anschließend mit zwei Tassen Gemüsebrühe aufgießen. Nach dem Aufkochen
auf kleinste Hitze schalten, zugedeckt quellen lassen.

In der Zwischenzeit die Paprikaschoten waschen, der
Länge nach durchschneiden und die Rippen und Kernchen herauslösen.

Ist der Reis gar, geben wir die Erbsen und die verquirlten Eier darunter und würzen die Füllung pikant. Nun
wird das Ganze in die Paprikaschoten gefüllt, mit geriebenem Emmentaler Käse bestreut, in eine feuerfeste
Form gesetzt, in die wir auch die restliche Gemüsebrühe gießen. Im Backofen lassen wir nun die Schoten bei
220° C 30 Minuten garen (falls der Käse braun wird,
muß mit Deckel oder Folie zugedeckt werden). Vor
dem Servieren wird die verbliebene „Bratensoße"
noch mit etwas Paprikapulver und Crème fraîche abgeschmeckt.

Mit Butterbrot und anschließendem Früchtekorb bilden
die gefüllten Paprikaschoten ein vollwertiges, köst-
liches Menü.

Eintöpfe

Kürbiseintopf

190

500 g Kürbisfrucht
100 g getrocknete weiße Bohnen
3 große Kartoffeln
1 Stange Lauch
1 Karotte
einige grüne Sellerieblätter
1 Eßlöffel Butter
1 1/2 l Gemüsebrühe
1 Lorbeerblatt
Paprikapulver, Pfeffer
Kräutersalz
1 Bund Petersilie

Die Bohnen über Nacht in Wasser einweichen. Am nächsten Tag in der Gemüsebrühe mit dem Lorbeerblatt eine Stunde garen lassen. Inzwischen das Gemüse waschen, die Kartoffeln schälen und in Würfel, den Lauch in Ringe, die Karotten in Scheiben und die Sellerieblättchen in kleine Stücke schneiden. Dann das Gemüse in der heißen Butter andünsten. Zuletzt das Kürbisfruchtfleisch in Würfel schneiden und alles zusammen zu den Bohnen geben. Mit Paprika, Pfeffer und Kräutersalz würzen und noch 20 Minuten garen. Vor dem Servieren noch die Petersilie verlesen, waschen, zerkleinern und zum Eintopf geben.

Linseneintopf

350 g Linsen
1 Zwiebel
1 Karotte
1/2 Sellerieknolle
1 Knoblauchzehe
1 Lorbeerblatt
1 1/2 l Wasser
2 Gemüsebrühwürfel
Pfeffer, eventuell noch Kräutersalz
250 g fein gemahlenen Weizen
1 Tasse Mineralwasser
1 Prise Salz
2 Eier
1 Bund Petersilie

Die Linsen mit kaltem Wasser aufsetzen, die Zwiebel, die Knoblauchzehe und die Sellerie schälen und kleinschneiden, die Karotte waschen und kleinschneiden. Alles zusammen mit dem Lorbeerblatt zu den Linsen geben und mit Pfeffer würzen. Aus Weizenmehl und Mineralwasser mit der Prise Salz einen Teig anrühren, quellen lassen und die Eier darunter mischen.

Wie die Konsistenz dieses Spätzleteiges beschaffen sein sollte, das hängt vor allem von Ihrem Spätzlegerät ab. Arbeiten Sie zum Beispiel mit einer Presse, muß der Teig sehr fest sein, das heißt, daß Sie vielleicht noch etwas Mehl untermischen müssen. Wenn Sie einen Spätzlehobel verwenden, für den man dünneren Teig braucht, ist eventuell noch etwas Wasser nötig.

Die Spätzle werden gleich in den Linsentopf gedrückt, gehobelt oder geschabt. Dann lassen wir sie noch fünf Minuten garen und geben die Gemüsebrühe und die verlesene, gewaschene und gehackte Petersilie dazu. Zum Schluß nochmals abschmecken und servieren.

Szegediner Krauttopf ⟨192⟩

1 kg Kartoffeln
1 Pfund Zwiebeln
1 rote, 1 grüne Paprikaschote
2 Knoblauchzehen
3 Eßlöffel Öl
1 kleine Dose Sauerkraut
1 l Gemüsebrühe
Paprikapulver, Tomatenmark, Pfeffer
Die Kartoffeln, Zwiebeln und Knoblauchzehen schälen, die Paprikaschote waschen. Bis auf den Knoblauch alles in Würfel schneiden und in heißem Öl andünsten. Dann drückt man den Knoblauch dazu, zupft das Kraut darunter und würzt reichlich mit Paprika. Nun mit Gemüsebrühe aufgießen, mit Tomatenmark und Pfeffer würzen und 30 Minuten köcheln lassen.

Paprikaeintopf ⟨193⟩
mit Knoblauchbrotwürfeln

4 rote und 4 grüne Paprikaschoten
4 Zwiebeln
4 Kartoffeln
1 Karotte
3 Eßlöffel Öl
1 Gemüsebrühwürfel
scharfes und süßes Paprikapulver
Pfeffer, eventuell Kräutersalz
einige Tropfen Honig
1/2 Becher süße Sahne
3 Scheiben Vollkorntoast
4 Eßlöffel Olivenöl
2 Knoblauchzehen
Salz
Die Paprikaschoten werden gewaschen, von Stiel und Kern befreit und in Streifen geschnitten. Die Zwiebeln schälen und ebenfalls in Streifen schneiden. Die Kartoffeln waschen, schälen und würfeln. Das Gemüse in heißem Öl andünsten, mit Wasser aufgießen, bis das Gemüse knapp bedeckt ist und den Brühwürfel dazu-

135

geben. Nun raspeln wir die gewaschene Karotte zum Gemüse und würzen kräftig mit Paprika, Pfeffer und Honig. So lassen wir nun alles gar schmoren und rühren zum Schluß die Sahne unter. Bei Bedarf mit Kräutersalz nachwürzen.

Brotwürfel erst kurz vor dem Servieren zum Eintopf geben

Für die Würfel schälen wir die Knoblauchzehen und zerdrücken sie mit Hilfe eines Messers mit Salz auf einem Brettchen. Dann werden die Brotscheiben in heißem Olivenöl knusprig gebraten, und das Knoblauchmus wird daraufgestrichen. In Würfel geschnitten, werden sie zum Eintopf serviert.

(194) Ratatouille

Ratatouille ist ein Gemüseeintopf aus Südfrankreich. Wörtlich übersetzt bedeutet es nichts anderes als „Fraß", was aber keinesfalls als kulinarische Abwertung mißzuverstehen ist. Es beschreibt vielmehr den herrlichen Mischmasch des Gerichtes und die Gefahr, daß beim fröhlichen Verzehr die Tischsitten nicht mehr so ganz auf der Höhe sind, wenn der dritte oder vierte Teller des Gemüse-Knoblauch-Kräutergerichts aus der provenzalischen Küche vor einem steht.

3 Zwiebeln
3 Knoblauchzehen
2 große Auberginen
3 kleine Zucchini
5 Tomaten
1/2 Tasse Olivenöl
eine Handvoll schwarze Oliven
Salz, Pfeffer
Rosmarin, Thymian, Salbei, Oregano
1 Bund Petersilie
2 Eßlöffel Parmesankäse

Die Zwiebeln schälen und grob würfeln. Die Knoblauchzehen schälen und in ganz feine Würfel schneiden. Auberginen, Zucchini und Tomaten waschen und ebenfalls grob würfeln. Dann die Zwiebelwürfel in dem heißen Öl andünsten, nach und nach die Zucchini, die Auberginen, die Tomaten und zum Schluß den Knoblauch dazugeben.

Vorsichtig umrühren und auf kleiner Hitze weiterdünsten. Die Gewürzkräuter waschen und kleinschneiden, dann mit ihnen, dem Salz und dem Pfeffer das Gemüse gut abschmecken.

Nach etwa 15 bis 20 Minuten probieren wir noch einmal (das Gemüse sollte nicht allzu weich werden), rühren dann den Käse unter und bestreuen den Eintopf mit der verlesenen, gewaschenen und kleingehackten Petersilie.

Minestrone ⟨195⟩

Die Minestrone ist eine Gemüsesuppe auf italienische Art, die zu jeder Jahreszeit anders aussieht. So werden in eine Minestrone zum Beispiel im Frühling Kohlrabi, junge Karotten und Erbsen, viel Kräuter und vielleicht auch Spinat gegeben; im Herbst dagegen gibt es Sellerie, Kürbisfleisch, Lauch und Petersilienwurzeln. In gemüsearmen Zeiten kann man auch auf getrocknete Bohnen oder Linsen zurückgreifen.

Sie brauchen jeweils:

1 kg gemischtes Gemüse
3 Eßlöffel Butter
2 Knoblauchzehen
1 1/2 l Gemüsebrühe
Pfeffer
125 g Vollkornspaghetti,
2 Eßlöffel geriebenen Parmesankäse

Das Gemüse waschen und, je nach Art, schälen oder verlesen und putzen und kleine Würfel schneiden. Die Butter heiß werden lassen und das Gemüse darin andünsten. Mit der Gemüsebrühe auffüllen. Die Knoblauchzehen schälen, klein schneiden, dazugeben und mit Pfeffer würzen. Wenn die Brühe kocht, die Spaghetti zur Suppe geben und gut durchrühren. Sobald die Spaghetti gar sind, die Minestrone mit dem Parmesan bestreuen und servieren.

(196)

Grünkerneintopf

125 g Grünkern
1 1/4 kg verschiedene Gemüse, je nach Jahreszeit
3 Eßlöffel Butter
1 1/2 l Gemüsebrühe
2 Knoblauchzehen
Kräutersalz, Pfeffer, etwas Muskat

Den Grünkern über Nacht einweichen und am nächsten Tag abseihen und durchspülen. Das Gemüse wird gewaschen, geputzt, geschält, kleingeschnitten, je nach Art des Gemüses. In der heißen Butter dünsten wir es dann in einem großen Topf an und gießen mit Gemüsebrühe auf. Dann kommt der Grünkern dazu und die geschälten und zerdrückten Knoblauchzehen. So kann der Eintopf nun 15 bis 20 Minuten kochen und wird anschließend mit den Gewürzen abgeschmeckt.

Kapitel 8

Buntes für Rucksack und Picknick-Korb

Was mögen das für Leute sein, die keine Picknicks mögen? Sind das Leute, bei denen man zum Essen so sitzen muß, als hätte man einen Stock verschluckt? Bei denen beim Essen nicht geredet werden darf? Oder sind es Leute, die sich vor Tannennadeln auf der Picknick-Decke fürchten und bei der ersten Ameise, die übers Gustobrot marschiert, einen hysterischen Anfall bekommen? Oder sind es Leute, die sich einfach von ihrem geliebten Fernseher unter keinen Umständen, und schon gar nicht fürs Essen, trennen wollen?

Wie auch immer.

Für die meisten Menschen ist ein Picknick ein Fest. Unter einem Baum auf einer sonnenbeschienenen Wiese oder auf einem Holzstapel in der Waldlichtung schmecken auch die einfachsten Speisen, Brot, Käse und einige Früchte zum Beispiel, königlich. Das Abenteuer fängt schon damit an, den idealen Picknickplatz (wieder) zu finden, wo man essen, spielen und ein bißchen träumen kann, auch wenn man sich das letzte Mal sehr angestrengt hat, sich den verzwickten Weg zu dem „Geheimplatz" wirklich zu merken.

Das Picknick ist ein Erlebnis für die ganze Familie; es bietet die unterschiedlichsten Möglichkeiten von Ent-

spannung und Vergnügung. Die Kinder können toben, die Natur entdecken, die Erwachsenen können sich an der Ruhe freuen und tief durchatmen, und auch der Hund hat schon lange nicht mehr so viel erlebt. Ganz ohne Vorbereitungen geht es natürlich nicht. Z. B. muß die Wettervorhersage eingeholt werden.
Die Rezepte, die ich für Ihre Expeditionen in die Natur aufgeschrieben habe, sind unterschiedlich arbeitsaufwendig. Die meisten aufwendigeren Gerichte lassen sich gut vorbereiten, so daß am Ausflugstag nicht so viel Streß anfällt.
Bei vielen Gerichten können Sie auf Teller oder Schüsseln verzichten.
Für andere Gerichte lohnt es sich, wenn Sie sich leichtes Picknick-Geschirr anschaffen, zum Beispiel aus Blech oder auch Plastik. Nehmen Sie keine knalligen Farben. Es könnte Cadmium darin sein.
Für Speisen, die über längere Zeit heiß bleiben sollen, haben wir uns eine Kühltasche zur „Wärmetasche" gemacht. Statt der Kühlakkus kommen verschließbare Behälter mit heißem Wasser hinein.
Hier noch eine Checkliste der Dinge, die zusätzlich zu Essen, Trinken und Eßutensilien eingepackt werden sollten:

1. Eine große Tischdecke oder ein Bettlaken, worauf die Speisen appetitlich ausgebreitet werden können.
2. Eine oder mehrere Decken als Sitzgelegenheiten. Leider nehmen die immer sehr viel Platz im Rucksack oder Picknickgepäck ein und sind obendrein noch recht schwer. Für Picknickfans rentiert sich deshalb vielleicht die Anschaffung einer Noppenfolie. Das ist eine Plastikfolie mit kleinen Luftpölsterchen, die man in Gartenbedarfsgeschäften für etwa fünf Mark pro Meter bei zwei Metern Breite bekommt. Die Folie ist sehr leicht und hält Kälte, Feuchtigkeit und kleine, uneingeladene Besucher aus der Erde fern.
3. Wenn vor dem Picknick Bäume erklettert werden, im Wald Bastelmaterial gesammelt oder Ball gespielt wird, wäre es schon recht, wenn man sich die Hände säubern könnte. Dazu dienen einige mitge-

brachte feuchte Handtücher, mit denen man übrigens auch Saftflaschen kühl halten kann.

4. Oft braucht man eine kleine Auswahl an Verbandsmaterial. Auf schmerzhafte Insektenstiche rate ich, Spitzwegerichblätter zu legen. Er wächst auf jeder Wiese, und einige etwas zerquetschte Blätter wirken meistens Wunder.

5. Nicht vergessen: eine Tüte für schmutziges Geschirr und eine für den Abfall.

Torta Verde 〔197〕

Was ebenso lecker wie gehaltvoll unsere Wanderverpflegung ergänzt (und zu hunderterlei sonstigen Gelegenheiten paßt), ist eine pikante Torte, die so oder in vielen Variationen in manchen Regionen des Mittelmeeres lauwarm oder auch kalt als Vorspeise, als Zwischendurch und zum sonntäglichen Picknick angeboten wird. Die erste „Torta Verde" in einem neuen Jahr wird an Ostern, mit ganz jungem Spinat, Mangold und Würzkräutern serviert. Deshalb wird dieses Gericht oft auch als „Ostertorte" bezeichnet.

Teig:
   600 g frisch gemahlenes Weizenmehl
   3 bis 4 Eßlöffel Olivenöl
   lauwarmes Wasser
   etwas Salz

Man mischt das Mehl mit dem Salz und dem Olivenöl und gibt so viel lauwarmes Wasser dazu, bis ein geschmeidiger, nicht allzu weicher Teig entstanden ist. Dieser wird mit einem feuchten Tuch abgedeckt und darf ruhen, bis die Füllung fertig ist.

Füllung:
   1 kg Mangold
   Salzwasser
   2 große Zwiebeln
   2 Knoblauchzehen
   3 Eßlöffel Olivenöl
   2 alte Vollwertsemmeln,
   in Stücke geschnitten und in
   1 Tasse warmer Milch eingeweicht

141

3 Eier
3 Eßlöffel geriebener Parmesankäse
Salz und Pfeffer
etwas Butter zum Ausfetten der Form

Der Mangold wird geputzt und gewaschen, in große Stücke gehackt und in Salzwasser ganz kurz gekocht. Er soll noch sehr knackig sein! Dann wird der Mangold in ein Sieb geschüttet. Zwiebeln und Knoblauchzehen werden geschält, klein gewürfelt, kurz in dem heißen Olivenöl angedünstet, und dann kommt der Mangold hinzu.

Variante:
Gekochten Reis unter die Mangoldmasse mischen, mit hartgekochten Eiern oder mit Pinienkernen.

Die Eier werden verquirlt und zum Mangold gegossen. Man mischt die ausgedrückten Semmelstücke und den Käse darunter und schmeckt mit Salz und Pfeffer ab. Nun fettet man eine Springform aus, teilt den Teig in zwei Teile, rollt beide dünn aus und legt eine Teigplatte auf den Boden der Springform. Darauf kommt die Mangoldmasse und darüber die zweite Teigplatte. Am Rand drückt man beide Teigplatten gut zusammen, piekt in den oberen Teig mit einer Gabel Löcher, damit der Dampf abziehen kann, und schiebt die Torta in den Ofen. Bei etwa 180° C eine Stunde backen.

Genausogut wie zum Picknick, paßt diese pikante Torte auch aufs kalte Buffet oder auf den Sonntags-Frühstückstisch.

Regenbogengelee

Dies ist ein Dessert für ein lustiges Picknick, das um so hübscher wirkt, je mehr Sonne durch den „Regenbogen" scheint. Man muß es allerdings schon einen Tag vor dem Picknick zubereiten. Die Zubereitung ist kinderleicht. Man braucht
je 0,5 l verschiedenfarbigen Fruchtsaft (zum Beispiel roten Johannisbeersaft, gelben Orangensaft und blauen Traubensaft) und
je 6 Blatt Gelatine.

Als Behälter verwendet man ein großes Einmachglas mit Bügelverschluß oder einen hohen, verschließbaren Glasbehälter.

Nun weicht man erst einmal sechs Blatt Gelatine ein,

nimmt dann vom roten Saft einige Eßlöffel ab, erwärmt ihn und löst die Gelatine darin auf. Dies mischt man unter den restlichen Saft und gießt ihn ins Glas. Das stellt man kühl, bis die rote Flüssigkeit fest geworden ist. Danach verfährt man mit den zwei anderen Farben genauso.

Säfte im schräg stehenden, verschlossenen Glas fest werden lassen. So sind sie einem wirklichen „Regenbogen" ähnlich.

Erfrischender Kraftspender

(198)

(Farbtafel S. 96)
   4 rosa Grapefruits
   2 Fenchelknollen
   1 Scheibe Emmentaler
   0,2 l saure Sahne
   Salz, Pfeffer, etwas Honig
   4 Scheiben Vollkorntoast (evtl. auch 4 Scheiben von
   anderem Brot)

Von den Grapefruits schneiden Sie jeweils einen „Deckel" ab und lösen vorsichtig das Fruchtfleisch aus den Früchten. Dies wird in Würfelchen geschnitten und beiseite gestellt.

Der gewaschene Fenchel wird in feine Streifen geschnitten (Fenchelgrün aufheben), der Käse gewürfelt.

Aus saurer Sahne und den Gewürzen wird eine feine Soße gerührt und alles in einer Schüssel vermischt.

Das Brot wird ebenfalls in Würfel geschnitten, auf ein Backblech gelegt und bei 100° C im Backofen geröstet. Wenn es die Umstände erlauben, kann man die Brotwürfel auch in der prallen Sonne rösten lassen.

Den Salat füllen Sie in die Grapefruit-Fruchtschalen, dekorieren das Gebilde noch mit etwas Fenchelgrün, setzen das Häubchen auf und wickeln die „Grapefruitschüsseln" gut ein. Stellen Sie sie vorsichtig in den Picknickkorb, und die Suche nach dem richtigen Picknickplätzchen kann losgehen. Die Brotwürfel streuen Sie erst an Ort und Stelle über die Salate.

143

(199) *Gustobrot* (Farbtafel S. 112)

Gusto heißt Geschmack, und davon hat dieses Brot eine Menge. Eine ganze italienische Vesperplatte wird darin eingebacken. Der Appetit kommt, wenn das Brot im Backofen brutzelt und ein unvergleichlicher Duft durchs Haus zieht. Die Zutaten:

650 g fein gemahlenes Weizenmehl
1 Würfel Hefe
1/8 l Olivenöl
1 Teelöffel Salz
2 Zwiebeln
2 Peperoni
etwa 20 entsteinte schwarze Oliven
Salbei und Thymian
1 Scheibe Emmentaler (oder anderen Käse)

Die Hefe wird in eine Tasse gebröckelt und mit etwas lauwarmem Wasser zu Brei gerührt. Das Mehl wird in eine große Schüssel gegeben und in der Mitte eine Mulde geformt, in die der Hefebrei geschüttet wird. Er wird mit einer dünnen Mehlschicht bedeckt, wie auch der Rest des Teiges. Man läßt nun alles, mit einem sauberen Küchentuch bedeckt, an einem warmen Ort ruhen. Inzwischen schneiden Sie die Zwiebel und den Käse in Würfel. Peperoni und Kräuter kleinschneiden, eventuell auch die Oliven (muß aber nicht sein).

Verwendet man Emmentaler, Gouda oder Tilsiter, löst sich der Käse beim Backen auf bzw. bildet er hauchdünne Luftblasen aus, die ein wunderbar zartes Käse-Aroma zurücklassen. Schafs- oder Ziegenkäse schmelzen beim Backen kaum. Schon von der Wahl der Käsesorte her sind also Variationen, je nach Geschmack oder Vorrat, möglich. Da darf experimentiert werden; schließlich lassen sich auch die verschiedenen Käsesorten zu immer neuen Geschmacksvarianten mischen. Dann pinseln Sie mit reichlich Olivenöl eine größere Auflaufform aus und gießen das restliche Öl ins Mehl. Salz dazugeben und alles gut durchkneten. Nun kommen alle anderen Zutaten hinzu und werden untergeknetet. Sollte der Teig zu fest werden, kann man lauwarmes Wasser dazugeben.

Zucchinischeiben im Sesammantel (s. s. 162) ▷

Nachdem der Teig nochmals etwa eine halbe Stunde ruhen durfte, teilen wir ihn in acht Teile und setzen diese in die Auflaufform. Bei 200° C wird das Brot dann etwa 40 Minuten gebacken.
Gut eingepackt, bleibt es lauwarm, und so schmeckt es auch am besten. Möchte man das Brot schon einen Tag vor dem Picknick zubereiten, bäckt man es einfach kurz vor dem Mahl noch einmal auf. Das Gustobrot reicht für gut acht bis zehn Leute. Als Zugabe empfehle ich frische Tomaten.

Marmoreier (Farbtafel S. 128)   ⟨200⟩

8 Eier
2 Eßlöffel schwarze Teeblätter
1 Eßlöffel Pfefferminzblätter
6 Pfefferkörner
1/2 Teelöffel Kurkuma und Gelbwurz – ein Gewürz, das zum großen Teil auch in Curry enthalten ist. Es schmeckt gut und färbt sehr stark gelb, ist aber wesentlich preiswerter als Safran. – Man kann z. B. damit Ostereier färben. – Falls nicht vorhanden, geht natürlich auch Curry.
2 Eßlöffel salzige Sojasoße
1 Eßlöffel Apfelessig
Die Gewürze werden in einem Liter Wasser etwa zehn Minuten gekocht. Nun geben Sie die Eier in den Sud und kochen alles weitere fünf Minuten. Bei allen Eiern wird die Schale ringsum angeknackt, und sie werden nochmal sechs Minuten gekocht. Die Eier bleiben, bis sie kalt sind, im Sud. Wenn Sie die Eier schälen, haben sie nicht nur ein hübsches Marmormuster, sondern auch einen fein pikanten Geschmack. Sie sind köstlich zum Butterbrot, zu Linsensalat (s. Seite 104), mit scharfer Aprikosensoße (s. Seite 177) oder Petersilienmus. Aber auch zu Reissalat, zu Erbsencurry und und und. Die Eier lassen sich gut einpacken, sind also für das kalte Buffet geeignet und schmecken auch zum Pausenbrot.

201

Sommersalat im weißen Bett

500 g Quark
3 Eßlöffel süße Sahne
Kräutersalz, Pfeffer
1 Bund Dill
1 Gurke, 4 Tomaten
einige Blätter Eisbergsalat
3 Stangensellerie
1 weiße Zwiebel
1 Teelöffel Senf, Salz, Pfeffer
2 Eßlöffel Essig
3 Eßlöffel Öl

Den Quark mit der Sahne glattrühren, mit Kräutersalz und Pfeffer würzen. Den Dill waschen, feinschneiden, unter den Quark mischen und diesen dann beiseite stellen. Die Gurke, die Tomaten, den Eisbergsalat und die Selleriestangen waschen. Die Gurke hobeln, die Tomaten in Scheiben schneiden, den Salat in kleinere Stückchen zupfen und die Selleriestangen in dünne Scheibchen schneiden. Die Zwiebel wird geschält und in kleine Würfelchen geschnitten. Dann alles in eine Schüssel geben und aus den restlichen Zutaten eine kräftige Salatsoße rühren.

Ganz vorsichtig alles mischen und einige Zeit ziehen lassen. Falls zuviel Flüssigkeit entsteht, sollten Sie diese ab-, aber nicht wegschütten. Sie können damit am nächsten Tag den Salat wieder würzen.

Die Hälfte vom Quark wird nun in eine verschließbare Schüssel oder einen Topf gegeben. Darauf kommt der Salat und wieder eine Schicht Quark.

202

Erfrischende Salatröllchen

1 großer Salatkopf
1 Kohlrabi
1 kleine Salatgurke
2 Karotten
2 Lauchzwiebeln
2 Eßlöffel Zitronensaft
5 Eßlöffel salzige Sojasoße
einige Tropfen Honig, Pfeffer, Zahnstocher

Vorsichtig die großen Blätter vom Salatkopf lösen, waschen und trockenschwenken. Dann Kohlrabi und Gurke schälen, die Karotten waschen, die Zwiebeln schälen. Kohlrabi, Gurke und Karotten werden geraspelt, Zwiebeln ganz fein geschnitten. Dies alles gut mit einer Soße aus Zitronensaft, Sojasoße, Honig und Pfeffer (eventuell noch etwas Salz) durchmischen. Mit dieser Rohkostmischung füllen wir die großen Salatblätter (etwa drei pro Person) und stecken sie mit Zahnstochern zusammen. Der restliche Salat könnte die Grundlage für eine festliche Vorspeise zum Abendessen bilden.

Nudelsalat ⟨203⟩

750 g Nudeln
1 Netzmelone
1 Stangensellerie
1 Bund Zitronenmelisse
500 g Erbsen
1 Knoblauchzehe
1/2 l saure Sahne
Saft von 1 Zitrone
Salz
weißer Pfeffer
Ingwerpulver oder frisch geriebener Ingwer
etwas Curry
1 Eßlöffel eingedickter Birnensaft oder Apfelsirup
Die Nudeln kochen wir in Salzwasser gar und spülen sie mit viel kaltem Wasser durch. So wird die Stärke von den Nudeln gewaschen und sie kleben nicht mehr. Jetzt stechen wir mit einem Teelöffel aus der Melone kleine Stückchen aus und schneiden die Selleriestangen in einen halben Zentimeter dicke Scheiben.
Die Erbsen werden in Salzwasser blanchiert, die Zitronenmelisse wird gewaschen und fein geschnitten. Alles wird in einer großen Schüssel gemischt und mit einer Soße aus der sauren Sahne, der zerquetschten Knoblauchzehe, dem Zitronensaft, Salz, Pfeffer, Ingwer, Curry und Birnendicksaft übergossen.

(204) Gefülltes Brot

1 Vollkornbaguette
400 g Doppelrahmfrischkäse
1 rote und 1 gelbe Paprikaschote
1 Bund Zwiebelröhrchen
1 Knoblauchzehe
Kräutersalz, Pfeffer, Sojasoße

Die Paprikaschoten waschen, von Stielen und Kernen befreien und in kleine Würfel schneiden. Die Zwiebelröhrchen waschen und in Ringe schneiden. Dann die Knoblauchzehe schälen und zu Paprika und Zwiebelröllchen pressen, den Frischkäse dazugeben, vorsichtig würzen und alles zusammenmischen.

Brotkrumen für den „Ofenschlupfer" (siehe Seite 106) oder zum Binden von Getreide- oder Gemüsebratlingen verwenden

Die Mischung kühlstellen, nochmals probieren und gegebenenfalls nachwürzen. Anschließend schneiden wir das Brot an der Seite der Länge nach auf und holen die Krumen heraus.

Dort hinein kommt nun die Käsemischung.

Nachdem das Brot etwa eine Stunde kühlgestellt war, können wir es für das Picknick einpacken. Vor dem Verzehr mit einem scharfen Messer in mundgerechte Scheiben schneiden.

(205) Popcorn-Schichtspeise

500 g Sommerbeeren
500 g Sahnequark
4 große Tassen Popcorn (siehe Seite 72)
1 Teelöffel Vanillehonig
3 Eßlöffel Honig

Die Beeren putzen, waschen und mit zwei Eßlöffeln Honig überziehen.

Den Quark mit dem Vanillehonig und einem Eßlöffel normalen Honig glattrühren.

Nun schichtweise Popcorn, Quark und Beeren in ein hohes, verschließbares Einmachglas füllen. So läßt sich die Popcorn-Schichtspeise gut transportieren.

Artischocken mit Tunksoße

〔206〕

Pro Picknickgast rechnen wir mit:
1/2 bis 1 Artischocke
und für 4 Artischocken brauchen wir
1 Zitrone und
Salz
Für die Tunke werden für 4 Artischocken benötigt:
2 Becher saure Sahne
1 Teelöffel Senf
4 Teelöffel Zitronensaft
2 Teelöffel Honig
Pfeffer
Kräuter nach Belieben

Die Artischocken waschen und den Stiel unten so ab-schneiden, daß man sie auf einen Teller stellen kann. Die Ansätze gleich mit Zitronensaft einreiben. Die restliche aufgeschnittene Zitrone, bzw. die Zitronen in Salzwasser geben, zum Kochen bringen und die Arti-schocken dazugeben. Je nach Größe sollen sie 30 bis 45 Minuten im geschlossenen Topf kochen. Gar sind sie, wenn sich die Blätter leicht lösen. Das Wasser wird dann abgegossen. Die Artischocken werden in Alufolie verpackt, damit sie warm bleiben. Die Zuta-ten für die Tunke mischen wir gut miteinander und fül-len sie in ein Schraubglas, ein verschließbares Plastik-gefäß oder ein Einmachglas.

Mit unserer „Wärmebox" (siehe Sei-te 140) transportieren Sie die Artischocken warm ans Picknickziel.

Kapitel 9

Snacks für tausend Gelegenheiten

Gefüllte Teigtäschchen, die Popeye und anderen Abenteuerreisenden schmecken

Daß Kinder keinen Spinat mögen, dieses hartnäckige Vorurteil stammt aus der Zeit, in der Mutter – im Glauben, ihren Kindern gerade mit diesem Gemüse die notwendige Eisenration zu verschaffen – ihren Lieben den grünen Brei allzu häufig auf die Teller praktizierte, vor allem, wenn die Kinder zur Blässe neigten oder „schlechte Esser" waren, was allerdings durch zweimal wöchentlich Spinat auch nicht besser wurde.

Im Kampf gegen kindliche Spinatstreiks hat sich der Zeichentrick- und Comic-Matrose Popeye bewährt, dem die amerikanischen Spinatbauern ein drei Meter hohes Denkmal setzten. So sehr schätzten sie die propagandistische Wirkung des schlagkräftigen Kerls, der nach einer Portion Spinat schier übermenschliche Kräfte zu entwickeln pflegte. Aber letzten Endes ist es weniger das Vorbild des kauzigen Raufboldes als eine abwechslungsreiche, phantasievolle Küche, die aus Spinatverächtern echte Fans des Blattgemüses macht. Inzwischen kenne ich viele Kinder, die begeistert auf das Angebot Spinat reagieren, ob als kurz gedünstetes Gemüse, ob als Salat; und ein besonderer Renner sind die „Spinattäschchen".

1 Päckchen tiefgefrorener Blätterteig (gibt es auch vollwertig in gutsortierten Kaufmärkten oder Reformhäusern)

500 g Blattspinat

150 g Schafskäse

2 Eßlöffel Pinienkerne (ersatzweise schmecken auch Walnüsse)

2 Eßlöffel Olivenöl

1 Knoblauchzehe

Salz, Pfeffer

1 Ei

Den Blätterteig nach Vorschrift auftauen. Den Spinat waschen und putzen wir, schneiden den Käse in Würfel, schälen die Knoblauchzehe und schneiden sie klein.
Das Olivenöl lassen wir heiß werden, rösten die Pinienkerne an und rühren Knoblauch, Spinat und Käse ganz kurz unter. Ganz kurz, das heißt den Topf oder die Pfanne gleich vom Herd nehmen. So bleibt der Spinat appetitlich knackig. Nun noch gut würzen. Ist der Blätterteig aufgetaut, schneiden wir die rechteckigen Scheiben in der Mitte durch und verteilen die Spinatmischung auf die Teilchen. Das Ei trennen wir in Eigelb und Eiweiß. Mit dem Eiweiß bepinseln wir die Ränder des Teiges, klappen die Teilchen zu Dreiecken zusammen und drücken den Rand mit einer Gabel fest.

Sind die Täschchen auf dem Backblech, werden sie noch kurz mit verquirltem Eigelb bestrichen, das ihnen eine schöne goldgelbe Farbe gibt. Im Backofen müssen die Täschchen noch etwa 20 Minuten bei 200° C backen.

Diese Täschchen schmecken auch lauwarm oder kalt als „Pausenbrot", beim Buffet oder Picknick.

Hier noch Ideen für andere Füllungen:

1. kleingeschnittene Tomaten mit Mozzarellawürfeln, Oregano, Salz und Pfeffer;

2. Zwiebelwürfel mit Apfelwürfeln, Emmentaler Käsewürfeln und viel Pfeffer;

3. Lauchringe mit kleingeschnittener Orange, süßer Sahne, Semmelbröseln, Salz und Muskat;
4. kurz gedünstete Champignons mit viel Petersilie, etwas Joghurt und Senf;
5. kleingeschnittene Zucchini mit gerösteten Haselnüssen, Crème fraîche, Salz und Pfeffer;
6. Erbsen mit Karotten und Sojasoße.

Wenn Sie und Ihre Familie es lieber süß mögen, auch noch einige Vorschläge:
1. Sesamaufstrich; (siehe Seite 17)
2. Quark mit Eigelb, Honig und Rosinen;
3. Angedünstete Äpfel mit Ingwer;
4. Bananen mit Honig und Sesam;
5. Erdbeeren mit Crème fraîche;
6. Angedünstete Kürbiswürfel mit Zitronensaft, Honig und einigen Holunderbeeren.

(208)

Allgäuer Sennbrote

4 Scheiben kräftiges Bauernbrot
250 g Bergkäse (es geht auch Emmentaler oder eine andere sehr würzige, fette Käsesorte)
1 Becher (0,2 l) süße Sahne
1 Ei, Salz und Pfeffer

Der Käse wird in die Sahne geraspelt, das Ganze langsam erhitzt und ständig mit einem Holzkochlöffel (bitte nichts anderem!) gerührt, bis sich der Käse auflöst. Nun werden das Ei und die Gewürze untergerührt, und die Masse wird auf die Brotscheiben gestrichen. Nach Bedarf kann noch mit etwas Mehl angedickt werden.

Dieses Gericht ist geeignet für die Resteverwertung von trockenem Brot.

Die Brote im Backofen oder im Grill überbacken oder in einer schweren Pfanne braten. Auf den hohen und abgelegenen Allgäuer Senn-Almen mußten und müssen auch heute noch die mühsam hochgeschleppten Brotlaibe oft lange Zeit vorhalten. Daher werden harte und trockene Brotscheiben in Milch eingeweicht, anschließend mit dem bestrichen, was es dort oben im Überfluß gibt: Käse und Sahne. Dann werden sie mit viel Butter in schweren, großen, gußeisernen Pfannen über dem offenen Feuer gebraten – eine gesunde Köstlichkeit.

Knusperringe

Diese Ringe können als „Knabberzeug" an einem Spieleabend gereicht werden, sie können ein Buffet bereichern, schmecken aber auch als Beilage, z.b. zu Grünkernfrikadellen mit Champignons oder zu gefülltem Gemüse. Sie schmecken heiß oder auch kalt und lassen sich vielseitig kombinieren.

500 g weiße Zwiebeln
2 Eier
4 gehäufte Eßlöffel frischen gemahlenen Weizen
Milch
Salz und Pfeffer
Öl zum Ausbacken

Die Zwiebeln schälen und nun an dem der Wurzel gegenüberliegenden Ende anfangen, ganze, etwa einen halben Zentimeter breite Räder zu schneiden. Diese drücken wir nun vorsichtig zu einzelnen Ringen auseinander.

Die Eier mit dem Mehl, den Gewürzen und gerade so viel Milch verrühren, daß ein dickflüssiger Teig entsteht. Wenn das Öl sehr heiß ist, das heißt, wenn an einem eingetauchten Holzlöffel kleine Blasen aufsteigen, tauchen wir die Zwiebelringe in den Teig und backen sie knusprig aus. Danach kommen sie auf Küchenpapier, das saugt das restliche Fett auf.

Ein paar Variationen:

1. dem Teig etwas geriebenen Käse und Kümmelpulver untermischen;
2. statt Milch Sauerrahm und etwas Mineralwasser verwenden und mit Kräutern würzen;
3. mit viel süßem und scharfem Paprika würzen.

210   *Luftige Käsekringel*

60 g Butter
1 Teelöffel Salz
150 g frisch gemahlenen Weizen
4 Eier
100 g geriebenen Goudakäse
1/2 Teelöffel Paprika

Man setzt einen Viertelliter Wasser mit der Butter und dem Salz auf den Herd. Sobald die Mischung kocht, nimmt man den Topf von der Platte und rührt das Mehl unter. Nun rührt man bei kleinster Hitze so lange, bis die Masse sich verdickt. Dann ein Ei unterziehen, alles etwas abkühlen lassen und nach und nach die anderen Eier dazugeben. Zum Schluß rühren wir noch den Käse und das Paprikapulver hinein.

Diese Masse füllen wir jetzt in einen Spritzbeutel mit großer Sterntülle und spritzen damit Kreise auf ein eingefettetes Backblech. Die Kreise sollten mit genügend Abstand zueinander liegen, denn der Teig geht beim Backen auf. Im Backofen werden die Kringel nun etwa 20 bis 30 Minuten bei 220° C gebacken.

211   *Corn-Crackers*

200 g Maismehl
50 g Weizenmehl
3 Eßlöffel Butter
1/2 Teelöffel Backpulver
3 Eßlöffel süße Sahne
Salz, Pfeffer,
Paprika

Schütten Sie Mais- und Weizenmehl in eine große Schüssel und formen Sie in der Mitte eine Mulde. Verteilen Sie die in kleine Stückchen geschnittene Butter auf dem Mehlrand und geben die restlichen Zutaten in die Mitte. Nun wird rasch von außen nach innen ein fester, aber geschmeidiger Teig geknetet, zu einer Rolle geformt und für einige Zeit an einen kühlen Ort zum Ruhen gestellt. Jetzt schneidet man Scheiben von der Rolle ab, legt sie mit etwas Abstand voneinander auf ein mit Backpapier belegtes Backblech und drückt sie

mit dem Handballen flach. Bei 180° C werden sie
dann etwa zehn Minuten gebacken. Ganz köstlich
schmecken die Crackers, wenn man sie noch ganz heiß
mit etwas geriebenem Parmesan bestreut.

Rote Bananen 〔212〕

4 Bananen
4 Blutorangen
1 Eßlöffel Butter

Den Saft der Blutorangen auspressen und in einen großen, tiefen Teller oder eine flache Schüssel schütten.
Dann die Bananen schälen und der Länge nach halbieren. So werden sie in den roten Orangensaft eingelegt.
Man läßt die Bananen etwa zehn Minuten ziehen.
Nun wird die Butter in einer großen Pfanne erhitzt, die
Bananen werden aus dem Saft geholt und in der Butter
angebraten. Dann gießen wir den Saft dazu und lassen
das Ganze noch kurz kochen.

Süße Knusperbrote 〔213〕

8 Scheiben Vollkornbaguette
1/4 l Milch
3 Eier
1 Teelöffel Vanillehonig
1 Eßlöffel Honig
Öl

Die Eier werden verquirlt und mit der Milch und dem
Honig vermischt. Dann läßt man die Brote in der Mischung einweichen.
In dem heißen Öl werden sie anschließend knusprig
gebacken.

Maiskolben mit Butter 〔214〕

Kräuterbutter s.S. 30
4 Maiskolben aus Naturkostladen oder eigenem Anbau
Die Maiskolben von den Blättern und Fäden befreien
und in kochendes Wasser legen, ohne Salz, weil Salz
die Körner hart macht.
Dann die Herdplatte ausschalten und die Maiskolben

*Keine Maiskolben von
Feldern mitnehmen! Vor
der Aussaat werden die-
se mit viel Herbiziden
und Düngemitteln
„versorgt".*

155

noch fünf Minuten ziehen lassen. Die Maiskolben herausnehmen und mit Kräuterbutter servieren.

(215) ## *Knusperbrote*

8 Scheiben Vollkornbaguette
2 Eier
1 Tasse Milch
3 Eßlöffel geriebenen Parmesankäse
5 Eßlöffel Olivenöl

Milch, Eier und Käse zusammen verquirlen, und die Brote etwa zehn Minuten in der Masse einweichen. So werden sie in heißem Olivenöl auf beiden Seiten knusprig gebraten.

Dazu passen alle Arten von Salat oder Eingelegtes wie Pilze oder Oliven.

(216) ## *Spaghettikuchen*

300 g Spaghetti
8 Eier
Kräuter, Salz, Pfeffer
Parmesankäse
Butter

Die Spaghetti in reichlich Salzwasser gar kochen. Das Wasser abgießen. In der Zwischenzeit die Kräuter verlesen, waschen, trockenschwenken und kleinhacken.

Unter die fertigen Spaghetti werden die Eier, Kräuter, Gewürze und der geriebene Käse gemischt und alles in einer Pfanne in heißer Butter zu vier „Pfannkuchen" ausgebacken.

(217) ## *Gefüllte Zucchiniblumen*

Dieses hübsch anzusehende Gericht hat eine lange Tradition auf italienischen Vorspeiseplatten. Auf Dorffesten südlich der Alpen wird es als Snack in der Papierserviette angeboten.

Inzwischen ist die Zucchinipflanze auch in unseren Gärten heimisch geworden. Dank ihrer Robustheit, Genügsamkeit und unglaublichen Fruchtbarkeit hat sie es zu großer Beliebtheit gebracht. Die Zucchini schenkt

viel mehr an kulinarischen Möglichkeiten, als normalerweise genutzt werden, und auch die wundervollen
Blüten sollten wir nicht vergessen, für die Vase zu ernten. Für den kleinen Imbiß brauchen wir:
4 Zucchiniblüten
1 Eßlöffel Butter
4 Eßlöffel Vollkornsemmelbrösel
1 Zwiebel
1 Ei
1 kleine Zucchini (eigentlich Zucchino in der
Einzahl)
oder auch
2 Eßlöffel Erbsen
Salz, Pfeffer
kleingehackte Petersilie
einige Tropfen Sojasoße
Salzwasser

Die Zucchiniblüten darf man nur ganz kurz kalt abspülen und dann ganz vorsichtig abtrocknen, damit die
Zellstruktur nicht zerstört wird. Das gelbe Blatt würde
sonst dunkel und lasch werden.
Dann rühren wir die Butter weich, geben die Brösel
und das Ei dazu und schmecken mit den Gewürzen ab.
Die Zucchini wird gewaschen und in feine Würfel geschnitten. Die Würfel kurz in kochendes Salzwasser
legen und sofort abgießen. Wenn man statt dessen Erbsen verwendet, gibt man auch diese kurz in kochendes
Salzwasser. Das Gemüse zieht man unter die Füllung
und verteilt diese in den Blüten. Falls die Füllung zu
fest ist, kann man noch etwas Milch oder Sahne untermischen.
Die Blütenblätter werden leicht angedrückt und dann
gart man diese „Päckchen" entweder fünf Minuten im
Schnellkochtopf auf dem Siebeinsatz (das ist die leichte Art), oder man fritiert sie in Öl, dann werden die
Zucchiniblumen deftiger und auch knuspriger.

(218) *Eier auf scharfer Tomatensoße*

4 Eier

500 g Tomaten

2 Knoblauchzehen

2 Eßlöffel Olivenöl

Kräutersalz, Cayennepfeffer, Paprika

einige Tropfen Honig

1 Bund Petersilie

Die Eier kalt aufsetzen und etwa zehn Minuten kochen lassen. Das Wasser abgießen und die Eier kalt abschrecken. Die Tomaten waschen, in kleine Würfel schneiden und im heißen Olivenöl dünsten. Dann die Knoblauchzehen schälen und zu den Tomaten drükken. Die Tomaten mit den Gewürzen nun herzhaft abschmecken.

Wenn die Flüssigkeit der Tomaten fast verdampft ist, richtet man die Soße auf den Tellern an, schält die Eier, setzt je zwei Hälften auf eine Portion und bestreut alles mit der gewaschenen und kleingeschnittenen Petersilie.

(219) *Bratäpfel mit Müslifüllung*

4 mittelgroße Äpfel

2 Eßlöffel grobe Haferflocken

2 Eßlöffel gehackte Haselnüsse

1 Eßlöffel Rosinen

1 Eßlöffel Honig

1 Eßlöffel Crème fraîche

0,33 l roten Traubensaft, Holundersaft oder schwarzen Johannisbeersaft

Die Äpfel waschen und von der Stielseite aus das Kernhaus ausschneiden. Haferflocken, Haselnüsse, Rosinen, Honig und Crème fraîche vermischen und in die Äpfel füllen. Diese setzen wir nun in eine feuerfeste Form, gießen den Saft dazu und lassen sie bei 200° C etwa 25 bis 30 Minuten lang garen.

Pikante Birnenpakete

(220)

2 große Birnen
Zitronensaft
4 Scheiben Vollkornblätterteig
150 g Blauschimmelkäse
2 Eßlöffel Holundermus

Den Blätterteig rollen wir auf einem bemehlten Backbrett sehr fein aus. Dann werden die Birnen gewaschen, trockengerieben und der Länge nach halbiert. Mit einem Teelöffelchen entfernen wir dann das Kernhaus, schneiden noch Bärtchen und Stiel ab und beträufeln die Schnittstellen mit Zitronensaft. Anschließend wird der etwas zerbröckelte Käse in die Kernhaushöhlen gefüllt. Je eine halbe Birne kommt auf ein Blätterteigblatt. Nun übergießen wir die Käsehäufchen noch mit je einem halben Eßlöffel Holundermus und packen die Birnen in den Bätterteig ein.

Falls die Ränder nicht gut übereinander halten, kann man sie mit ein wenig Wasser oder Eiweiß einpinseln. Bei 200° C werden die Pakete auf unterster Stufe gebacken.

Variante:
Statt Holundermus
Preiselbeeren- oder
Johannisbeermus
nehmen!

Kartoffelpuffer

(221)

1 kg Kartoffeln
1 große Zwiebel
4 Eier
2 Eßlöffel Vollkornmehl
Salz, Muskat
Öl

Die Kartoffeln waschen, schälen und reiben. Kurz stehen lassen und die Flüssigkeit ausdrücken. Die Zwiebel schälen und ganz klein schneiden. Zwiebel, Eier, Mehl, Salz und Muskat unter die Kartoffelmasse rühren. Das Öl heiß werden lassen und mit einem Schöpflöffel kleine Portionen der Puffermasse ins heiße Öl gleiten lassen, etwas platt drücken und auf jeder Seite knusprig braten.

Zu den Kartoffelpuffern können Sie Apfelmus, Schnittlauchquark, Salat oder Gemüse servieren, je nach Geschmack und Vorrat.

Haferflocken bin den den Teig besser und machen die Kartoffelpuffer noch knuspriger.

159

222

Gefüllte Brötchen nach Florentiner Art

4 Vollkornbrötchen
750 g Spinat
3 Eßlöffel Butter
Salz, Pfeffer, Muskat
2 Knoblauchzehen
Saft von einer Zitrone
4 Eier
1 Tomate
100 g Edamer Käse

Von den Brötchen oben die Kappe abschneiden und die Krume herausholen. Diese können Sie bei anderen Gerichten mitverwenden (siehe Seite 106). Den Spinat verlesen, waschen, trockenschwenken und dicke Stengel herausschneiden. Die Knoblauchzehen schälen, die Tomate waschen und den Käse reiben.

Wenn diese Vorbereitungen alle getroffen sind, dünsten wir den Spinat in der heißen Butter an, würzen mit Salz, Pfeffer und Muskat, drücken die Knoblauchzehen dazu und gießen den Zitronensaft darüber. Noch ein wenig durchdünsten, vom Herd nehmen und die Hälfte des Käses untermischen. Nun verteilen wir den Spinat in den Brötchen, schlagen jeweils ein Ei darüber, setzen eine Tomatenscheibe darauf, salzen und pfeffern noch leicht und bestreuen schließlich die gefüllten Brötchen mit dem restlichen Käse. Bei 200° C im Backofen werden diese nun so lange gebacken, bis die Eier gestockt sind und der Käse zerlaufen ist.

223

Bruschetta

Vollkornbrotscheiben
geschälte Knoblauchzehen
Olivenöl
Salz, Pfeffer

In einer trockenen Stahlpfanne das Brot knusprig rösten. Gleich eine Knoblauchzehe darüber reiben, Olivenöl darauf träufeln, Salz und Pfeffer darüberstreuen und heiß essen. Wenn sich alle Gäste ihre gerösteten

Eß-Blumen (s. S. 186) ▷

Brote selbst zubereiten, werden die Bruschetti zum idealen Snack für gesellige Leute: macht warm, wohlig und – ausgesprochen wohlgelaunt.

Fächertomaten ⸨224⸩

4 feste Tomaten
2 Kugeln Mozzarella
Olivenöl
Salz, Pfeffer, Oregano

Die Tomaten waschen, trockentupfen und von oben senkrecht fächerförmig aufschneiden. Nicht ganz durchschneiden, so daß die Tomate noch zusammenhält. Den Mozzarellakäse in sehr dünne Scheiben schneiden und jeweils eine davon in die Tomateneinschnitte stecken. Dann mit Olivenöl (das gute, kaltgepreßte – „extra vergine") beträufeln und mit Salz, Pfeffer und Oregano bestreuen. Sie können die Tomaten in dieser Form servieren oder erst in den Grill setzen.

Brotpizza ⸨225⸩

Dieses Gericht ist sehr schnell und kinderleicht zuzubereiten. Es stammt aus Italien und wird dort, wann immer sich die Gelegenheit bietet, als „Zwischendurch" zu einem Gläschen Wein serviert. Es schmeckt köstlich, und zusammen mit grünem Salat zum Beispiel eignet es sich als leichtes Abendessen.

4 Scheiben lockeres Vollkorntoastbrot
1 große Fleischtomate
2 Eßlöffel Olivenöl
etwas Salz, Pfeffer und Oregano
1 Kugel Mozzarella

Das Olivenöl in eine feuerfeste Form geben und das Brot hineinlegen. Darauf kommen dünne Tomatenscheiben, Salz, Pfeffer, dünne Scheiben Mozzarella. Zum Schluß etwas Oregano.
Das Ganze wird im Backofen bei 225° C so lange gebacken, bis der Käse geschmolzen ist.

Zucchinischeiben im Sesammantel

(Farbtafel S. 144)

500 g Zucchini
etwas Salz, Pfeffer und Sojasoße
1 großes Ei (oder 2 kleine Eier)
4 Eßlöffel Vollkornmehl
2 Eßlöffel Sesamsaat
Öl zum Braten

Die gewaschenen und abgetropften Zucchini schneidet man der Länge nach in Scheiben. Diese taucht man in das mit Salz, Pfeffer und Sojasauce verquirlte Ei und wendet sie in der Mischung aus Mehl und Sesamsaat. Anschließend im heißen Öl ausbacken.

Dieses Essen ist blitzschnell bereitet. Sie können die Scheiben auch gut in Papierservietten anbieten, das erspart Ihnen Geschirr und Abwasch. Haben Sie etwas mehr Zeit, lassen sich die gebackenen Zucchinischeiben zusammen mit einem Salat in Joghurtmarinade zu einem herzhaften Mittagessen zusammenstellen.

Kapitel 10

Festliches von MacVollwert: Buffets zum Feiern, ohne zu kochen

„Tages Arbeit, abends Gäste
Saure Wochen, frohe Feste."
Das ist doch nicht wirklich aus der Mode gekommen?
Zu viel Arbeit?
Viele Feste gelingen besonders gut, wenn die Mitarbeit der Gäste an den kulinarischen Angeboten von Anfang an eingeplant wird.
Anlässe gibt es genug: Wegen der ersten Zähne des Babys, wegen der Fünf im Schulzeugnis, die weggefeiert werden muß, wegen des guten Wetters und erst recht wegen des schlechten und zum Schluß wegen des ersten Tages im Jahr, an dem uns kein Grund zum Feiern einfällt.
Und damit wir und die Gäste immer wieder Freude daran haben, gibt es nur eins: Wir machen ein Buffet.
Das kann man in Ruhe vorbereiten, Teile davon schon Tage vor dem Fest.
Stellen Sie Ihren größten Tisch an eine Seite des größ-

163

ten Zimmers oder auch, im Sommer am ehesten, in den Flur. Es geht auch eine große Anrichte oder ein Tapeziertisch. Dann brauchen Sie noch Sitzgelegenheiten und mehrere kleine Tische, um die sich die Gäste gruppieren können. Dies können auch Kindertischchen sein. Hauptsache, die Gäste können ihre Teller irgendwo abstellen.

Zwar sind Stehempfänge und Stehparties nach wie vor in, aber ich empfinde es reichlich ungemütlich, im Stehen ein Getränk oder Teller und Besteck zu halten, zugleich dem brillanten Erzähler neben mir zu lauschen und dann auch noch beim Essen nicht gegen das Mobiliar, die Kleidung oder die mitteleuropäische Zivilisation zu sündigen.

Also gelten die Vorbereitungen nicht nur dem Buffet, das jeden – Vollwertköstler oder nicht – erfreut, sondern auch der Bequemlichkeit, damit die Gäste es gebührend würdigen können.

Eine gefüllte Aubergine unter Freunden in entspannter Atmosphäre schmeckt ungefähr zweihundertachtmal so gut wie Kaviarschnittchen unter Leuten, die so interessant sind wie die von allen Sitz- und Abstellmöglichkeiten geräumten Örtlichkeiten.

Auch Kinder können bei den Vorbereitungen eines Buffets kräftig mithelfen. Gerade weil es dabei um so viele kalte Gerichte geht, gibt es weniger Gefahrenquellen, und Zeit hat man ja auch.

Wichtig ist, die für den Anlaß geeigneten Speisen auszuwählen. Ein Fest sollte eine Einheit sein, in der die Einzelteile aufeinander abgestimmt sind. Die richtige Auswahl und Zusammenstellung sind die Voraussetzungen dafür, daß die Buffetgerichte zu einem vollen Ensemble zusammengestellt werden können. Das Repertoire reicht von aufwendigen Pasteten, feinen Salaten und Cremes bis zur großen Rohkostplatte mit Tsatsiki, verschiedenen Broten und Butteraufstrichen.

Bei Dekoration und Präsentation machen die Kinder gerne mit. Bespannen Sie zunächst die Tischplatte mit einer weißen Papierdecke. Dann wird besprochen, wie in etwa die Dekoration gestaltet wird. Ob festlich mit Blumengirlanden und -gestecken, ob jahreszeitlich

orientiert, mit Blumen, weißen Kieseln und Glitzer-
sternen. Oder heiter mit Girlanden und kleinem Spiel-
zeug.

Man kann auch eßbares Dekorationsmaterial nehmen,
wie zum Beispiel Brötchenschlangen oder Orangen-
sterne (siehe „Eß-Blumen" Seite 186).

Um den Abwasch in Grenzen zu halten, werden die
Gläser markiert. Damit vermeiden wir, daß ein Glas
abgestellt und nicht mehr wiedergefunden wird, so daß
ein neues her muß. Um Stielgläser kann man wie bei
Pilsgläsern Rosetten legen mit den Namen der Gäste.
Größere Gläser können mit beschrifteten Stoffbänd-
chen versehen werden, und bei zwangloseren Festen
lassen Sie Ihre Kinder Namensfähnchen basteln, die
um Trinkhalme geklebt werden.

Wenigstens für die Zwischendurch-Feste ohne Streß,
von denen es gar nicht genug geben kann, ist das Buffet die ideale Lösung. Es folgen Anregungen und Rezepte, die den Buffettisch zieren.

Marinierte Zwiebeln

〈227〉

1 kg kleine Zwiebeln, z.B. Schalotten oder frische
Perlzwiebeln
4 Knoblauchzehen
1/2 Tasse Weinessig
1/2 Tasse Olivenöl
1 Lorbeerblatt
1 Zweig Thymian
1 Zweig Rosmarin
Salz und einige Pfefferkörner
einige Tropfen Honig

Die Zwiebeln und die Knoblauchzehen schälen und
aus den restlichen Zutaten eine Marinade bereiten, mit
der die Zwiebeln in einem Topf übergossen werden.
Dann so weit mit Wasser aufgießen, daß die Zwiebeln
mit Flüssigkeit bedeckt sind. Das Ganze köcheln lassen, bis die Zwiebeln gar sind. Abgekühlt serviert man
sie in der Marinade. Man kann sie auch längere Zeit
im Kühlschrank aufbewahren.

(228) ## Pilzsalat

750 g größere Pilze, zum Beispiel Champignons,
Braunkappen oder gemischte Pilze
Olivenöl
1 Bund Petersilie
2 Knoblauchzehen
Saft einer Zitrone
Salz, Pfeffer

Die Pilze waschen und trockentupfen. Man schneidet
sie der Länge nach in Scheiben und brät sie portionsweise auf beiden Seiten im heißen Öl.

So werden sie auf einer Platte angerichtet und mit Salz
und Pfeffer gewürzt.

Die Petersilie verlesen, waschen, trockenschwenken,
kleinhacken und auf den Pilzscheiben verteilen. Nun
schälen wir den Knoblauch, drücken ihn in den Zitronensaft, rühren um und träufeln alles auf die Pilze.
Zum Schluß nur noch etwas Olivenöl darübergießen.

(229) ## Kalte Avocadosuppe

2 sehr reife Avocados
1 Gurke
1 grüne Peperoni
1 Zwiebel
2 Knoblauchzehen
Saft einer Zitrone
1 Eßlöffel Apfelessig
1 Eßlöffel Olivenöl
Salz, Pfeffer
Muskat
etwas Honig
1 Becher Joghurt
1/2 l Gemüsebrühe
süße Sahne zum Verfeinern
Blättchen von Zitronenmelisse

Zuerst schält man Zwiebel und Knoblauchzehen und
schneidet sie in feine Würfel. Die Peperoni wird gewaschen, aufgeschnitten, die Kernchen entfernt und die
Peperoni ebenfalls gewürfelt. Nun schält man die Gur-

ke und schneidet sie in kleine Stücke. Zum Schluß werden die Avocados aufgeschnitten, die Kerne entfernt und mit einem Löffel das Fruchtfleisch herausgeschabt. Das beträufelt man gleich mit dem Zitronensaft, damit es nicht braun wird.

Alles zusammen fein mit dem Schneidestab oder dem Mixer pürieren. Nacheinander kommen nun die Gewürze, Essig und Öl, Honig, Joghurt und die Gemüsebrühe dazu. Die Suppe wird kalt gestellt und nochmals abgeschmeckt.

Bevor die Avocadosuppe zum Buffet gestellt wird, kommt noch ein Klecks Sahne in die Mitte der Terrine. Mit einer Gabel ziehen Sie eine Schneckenform von der Mitte nach außen. So wird die Suppe gleichzeitig verfeinert und hübsch angerichtet. Die Blättchen der Zitronenmelisse wäscht man, schwenkt sie trocken und streut sie als „Krönung" ganz locker auf die Suppe.

Gefüllte Chicoree-Schiffchen [230]

Die einzelnen Blätter des Chicoree-Salates sehen nicht nur aus wie Schiffchen, sie lassen sich auch wie die chinesischen Marktboote mit bunten Köstlichkeiten „beladen". Auf einem Buffet sind sie eine raffinierte Delikatesse, die man auch ohne „Werkzeug" essen kann.

Der Chicoree wird in der Mitte der Länge nach durchgeschnitten, der bittere Kern der Wurzel keilförmig herausgetrennt, ebenso wie grüne Teile, die entstehen, wenn man den Chicoree dem Licht aussetzt. Nun lassen sich die einzelnen Blätter auseinandernehmen. Sie werden gewaschen und mit einem sauberen Küchentuch abgetupft. Dann sind sie auch schon fertig zum Füllen.

Für die Füllungen Reste von vorherigen Mahlzeiten verwenden.

Fürs Picknick: Füllungen in Schraubgläser füllen, Chicoreeblätter extra einpacken.

Für die Füllungen hier einige Vorschläge, die unendlich zu variieren sind:

1. Goudawürfel, Apfelwürfel und Karottenraspeln, mit einer Mischung aus Zitronensaft, Salz, Pfeffer und etwas Öl angemacht.
2. Weichgekochte und abgekühlte Haferkörner, in Stückchen geschnittene Orangenscheiben und dünne

Scheibchen von Stangensellerie, mit Crème fraîche, etwas Senf, Zitronensaft, Salz und Pfeffer gemischt.

3. Zerdrückte Bananen, Rosinen und gehackte Nüsse, mit Zitronensaft, einer Prise Salz und Pfeffer vermischt.

4. Gedünstete Pilze, gehackte Petersilie und Tomatenwürfel, mit Essig, Öl, Kräutersalz und Pfeffer angemacht.

5. Grünkerngrütze (s. Seite 45), mit Würfeln von Essiggurken, Zwiebeln und Äpfeln gemischt und mit Mayonnaise, etwas Apfelessig, salziger Sojasoße und Pfeffer überzogen.

231 *Blümchen in Eis*

Mit diesen Eisblumen können Sie dekorativ Getränke kühlen und sie hie und da um eine Geschmacksnote bereichern.

Allerdings muß man das ganze Jahr über daran denken, eßbare Blumen zu sammeln und in „Eis zu pakken": Gänseblümchen, Veilchen, Erdbeerblüten, die exotischen Blüten der Kapuzinerkresse usw., destilliertes Wasser und einen Eiswürfelbehälter.

Destilliertes Wasser benötigt man deshalb, weil es im Gegensatz zu normalem Leitungswasser in gefrorenem Zustand auch klar bleibt, und deshalb die Blüten schön zur Geltung kommen.

Zuerst füllen Sie den Eiswürfelbehälter zur Hälfte mit Wasser und lassen es anfrieren. Dann füllen Sie in jedes Behälterchen nur einige Tropfen Wasser und legen die Blüten darauf. Wenn die Blüten festgefroren sind, kann bis zum Rand Wasser aufgeschüttet werden. Fest gefrorene Eiswürfel läßt man am besten kurz antauen, löst sie aus dem Behälter und gibt sie in einen Gefrierbeutel. So ist der Eiswürfelbehälter für neue Zubereitungen frei, und die fertigen „Eisblumen" können auch einzeln entnommen werden.

Käse-Pastete {232}

400 g Doppelrahmfrischkäse
3 Eßlöffel Butter
3 Eigelb
Salz, Pfeffer
1/2 Becher süße Sahne
3 Bund Petersilie
100 g Champignons
Öl

Die Champignons putzen, kurz waschen und auf einem sauberen Küchentuch abtropfen lassen. Anschließend in Scheiben schneiden und in wenig Öl andünsten. Die Petersilie verlesen, waschen und trockenschwenken. Etwa zehn schöne Blättchen beiseite legen. Die übrige Petersilie von den groben Stengeln zupfen und fein hacken, die Butter cremig rühren und mit dem Käse, dem Eigelb und dem Gewürz vermischen. Die Sahne wird steif geschlagen und vorsichtig unter die Käsemasse gehoben. Eine Hälfte der Käsecreme vermischen wir mit der Petersilie, die andere mit den Champignons.
Als Form eignet sich am besten eine Kuchenkastenform. Sie wird mit Öl ausgepinselt, und auf den Boden werden die Petersilienblättchen gelegt. Die Käsecreme geben wir dann schichtweise in die Form, stellen sie einige Stunden kalt und können sie anschließend auf eine Platte stürzen.
Variante:
Versuchen Sie es auch mal mit eingelegtem grünen Pfeffer und gehackten Walnußkernen statt Pilzen und Petersilie.

Windbeutel mit Käsecreme {233}

1/4 l Wasser
2 Eßlöffel Butter
1 Prise Salz
125 g frisch gemahlenen Weizen
1 Teelöffel Backpulver
4 Eier

Das Wasser mit der Butter und dem Salz in einem Kochtopf zum Kochen bringen, dann schnell das Mehl dazu und bei wenig Hitze umrühren, bis sich eine feste Masse bildet, die sich vom Topfboden löst. Man nimmt nun den Topf vom Herd und rührt ein Ei darunter, so daß die Masse wieder gut verbunden ist. Nach und nach die restlichen Eier zu einem geschmeidigen Teig unterrühren. Mit einem Spritzbeutel oder einem Teelöffel kann man nun auf ein gefettetes Backblech Teighäufchen setzen. Achten Sie darauf, zwischen den „Häufchen" reichlich Abstand zu lassen, da der Teig sich stark ausdehnt. Bei 200° C auf unterster Stufe im Backofen gebacken, sind nach etwa 30 Minuten wunderbar lockere Windbeutel entstanden.

Creme:
  100 g Blauschimmelkäse
  100 g Frischkäse
  3 Eßlöffel Butter
  eine Handvoll gehackte Walnüsse
  Traubensaft
  Salz und Pfeffer nach Geschmack

Variation: Windbeutel mit Kräuterquark, süßer Sahne oder Früchtequark füllen.

Die Butter schaumig rühren, den Blauschimmelkäse mit einer Gabel zerdrücken und mit dem Frischkäse dazugeben. Gut verrühren, Nüsse und Gewürze unterrühren und soviel Saft dazugeben, daß die Masse eine cremige Konsistenz bekommt. In den aufgeschnittenen Windbeuteln verteilen und zuklappen.

〔234〕

Bunte Käsekugeln

Grundmasse:
  200 g Doppelrahmfrischkäse
  Salz, Pfeffer

Variationen
Schnittlauchkugeln:
1 Schalotte schälen und ganz fein schneiden, unter den Käse mischen, würzen, mit nassen Händen Kugeln formen und diese im gewaschenen, feingeschnittenen Schnittlauch wälzen.

Kümmelkugeln:
1/2 Bund Radieschen oder kleine Rettiche werden gewaschen, fein geraspelt und gesalzen. Nach einiger Zeit ausdrücken, mit Pfeffer gewürzt unter den Käse mischen, Kugeln formen und in Kümmel wälzen.

Knoblauchkugeln:
2 Knoblauchzehen schälen, in den Käse pressen, würzen und alles vermengen. Kugeln formen, in gewaschener, feingehackter Petersilie wälzen.

Bananen-Pfefferkugeln:
1 Banane mit einer Gabel gut zerdrückten, unter den Käse mischen und würzen. Außer Salz und Pfeffer geben wir hier geriebenen Ingwer dazu. Kugeln formen und in Zitronenpfeffer wälzen.

Paprikakugeln:
Zum Käse geben wir einen Teelöffel Tomatenmark und schmecken mit Salz und Pfeffer ab. Die Kugeln werden dann in einer Mischung aus süßem und scharfem Paprika gewälzt.

Zitronenpfeffer: frisch gemahlenen Pfeffer und geriebene Zitronenschale mischen.

Knoblauchtomaten

(235)

Pro Person:
    1 Tomate
    1/2 Knoblauchzehe
    Olivenöl
    Salz, Pfeffer, Oregano
Die Tomaten waschen und in der Mitte durchschneiden, die Knoblauchzehen schälen und ganz fein schneiden. Dann die Tomaten mit der Schnittseite im heißen Olivenöl anbraten und mit der Schnittseite nach oben auf eine Platte setzen. Im Öl-Tomaten-Sud den Knoblauch etwas dünsten, auf den Tomaten verteilen und würzen.

236 *Käse in Öl eingelegt*

Pro Person:
etwa 100 g Schafskäse
1 Knoblauchzehe
1/2 Zwiebel
3 bis 5 schwarze Oliven
Rosmarin, Thymian, Oregano
Olivenöl

Den Käse in mundgerechte Stücke schneiden, die Zwiebeln schälen und in feine Ringe schneiden, die Knoblauchzehen schälen und etwas zerkleinern, die Kräuter waschen und trockenschwenken.

Alle Zutaten in eine Schüssel geben und mit gutem Olivenöl auffüllen, bis alles bedeckt ist. Am besten schmeckt dieser Käse, wenn er schon einige Tage vor dem Essen eingelegt wird.

237 *Obsttorte*

3 große Eier
1 Prise Salz
3 Eßlöffel Honig
3 Eßlöffel lauwarmes Wasser
120 g frischer, ganz fein gemahlenen Weizen
1/4 l süße Sahne
frische Früchte der Saison

Eine Tortenform wird eingefettet und mit Vollkornsemmelbröseln ausgestreut. Die Eier trennen. Das Eiweiß wird mit dem Salz ganz steif geschlagen. Das Eigelb schlägt man mit Honig und Wasser dickcremig und rührt vorsichtig das Mehl unter. Unter den gut vermengten Teig hebt man den Eischnee, füllt das Ganze in die Form und backt es auf der unteren Schiene im vorgeheizten Backofen bei 200° C etwa 30 Minuten.

Auf einem Gitter gut ausgekühlt, bestreicht man den Bisquit mit der steifgeschlagenen Sahne und belegt ihn mit den frischen Früchten.

Bitte möglichst kurz vor dem Servieren belegen, da Sahne in Verbindung mit frischen Früchten leicht säuert.

Salat im Brotkorb ⟨238⟩

Teig:

500 g frisch gemahlener Weizen
1/2 Teelöffel Salz
1/2 Würfel Hefe
Öl
lauwarmes Wasser

Das Mehl wird mit dem Salz gut vermengt und die Hefe darüber gebröckelt. Das lauwarme Wasser langsam einfließen lassen und mit dem Handrührer zu einem mittelfesten Teig kneten. So lange kneten, bis sich der Teig vom Schüsselrand löst und Blasen bildet. (Notfalls auch noch mit den Händen kneten.) An einem warmen Ort muß der Teig nun zugedeckt etwa 30 Minuten ruhen. Eine Edelmetallschüssel oder eine hitzebeständige Porzellan- bzw. Glasschüssel wird umgestülpt auf ein Backblech gestellt und mit Öl bestrichen. Den Teig gleichmäßig über die Schüsselfläche verteilen und bei 250° C auf der unteren Schiene im Backofen backen. Sie können statt einer großen auch mehrere kleine „Salatschüsselchen" backen.

Salat:

250 g Feldsalat
1 bis 2 hartgekochte Eier
1 bis 2 Blutorangen
1 Zwiebel
Öl
Essig
Salz, Pfeffer
Senf
1 Knoblauchzehe

Feldsalat, Eier, Orangen und Zwiebelstücke auf einem Brett appetitlich arrangieren. Aus den restlichen Zutaten wird die Salatsauce zubereitet und in einer separaten Schüssel serviert.

Variation: andere Salatsorten verwenden (keine „feuchten" Sorten wie Tomaten oder Gurken).

239

Gefüllte Tomaten

pro Person:
1/2 bis 1 Fleischtomate
und pro Tomate:
etwa 50 g Schafskäse
1 Eßlöffel Olivenöl
1 Teelöffel Zitronensaft
6 Kapern
Salz

Die Tomaten waschen, in der Mitte durchschneiden und die Kerne und das Weiche mit einem Löffel herausholen. Dann den Käse mit einer Gabel zerdrücken und mit dem Öl und dem Zitronensaft glatt rühren oder mit dem Schneidstab pürieren. Für jede Tomatenhälfte eine Kaper zur Dekoration zurücklegen. Die restlichen Kapern schneiden Sie klein und heben sie unter die Käsemasse. Die Tomateninnenseiten leicht salzen, mit der Käsecreme füllen und eine Kaper darauf setzen.

240

Bunte Gemüseterrine

750 g Kohlrabi
750 g Karotten
750 g Spinat
Salz
6 Eier
1 Becher süße Sahne
Semmelbrösel
Kräutersalz, Pfeffer, Muskat
1 Eßlöffel Butter

Vor dem Stürzen Form mit heißem Lappen abwischen.

Die Kohlrabi waschen, schälen und etwas zerkleinern. Die Blätter kleinschneiden. Die Karotten waschen und in Stücke schneiden, den Spinat putzen und sorgfältig waschen. Dann die drei Gemüsearten einzeln in Salzwasser gar kochen, abschütten, pürieren und mit je zwei Eiern und einem Drittel der Sahne mischen, mit Semmelbrösel binden und mit den Gewürzen abschmecken. Als Form eignet sich am besten eine Kuchen-Kastenform. Fetten Sie sie ein und füllen die drei Gemüsebreie nach und nach hinein, decken das Ganze mit Alufolie ab und stellen die Form in eine mit Was-

ser gefüllte Fettpfanne. So bäckt man nun die Terrine zwei Stunden bei 200 Grad. In der Form abkühlen lassen, dann stürzen.
Jeder kann sich dann nach Belieben Scheiben abschneiden. Wenn etwas übrig bleibt, lassen sich damit auch Pausenbrote belegen.

Chilibohnen ⟨241⟩

300 g getrocknete rote Bohnen
5 Eßlöffel Olivenöl
2 Zwiebeln
4 mittelgroße Tomaten
3 Knoblauchzehen
1/2 Teelöffel süßen Paprika
Salz
Chilipulver
1 Eßlöffel Honig
1/2 Eßlöffel Apfelessig
1 Bund Petersilie

Die Bohnen über Nacht einweichen und am nächsten Tag in Wasser, ohne Salz oder irgendwelche anderen Zutaten kochen. Je nach Dicke etwa zwei Stunden Kochzeit. Ab und zu muß man probieren. Die Bohnen sollten schon noch etwas „Biß" haben, nicht zerfallen wie Dosenbohnen, aber auch nicht mehr knacken. In der Zwischenzeit die Zwiebeln und die Knoblauchzehen schälen, die Zwiebeln in Würfel schneiden. Die Tomaten waschen und in Stücke schneiden. Nun dünsten wir die Zwiebeln im heißen Olivenöl an, geben die gepreßte Knoblauchzehe dazu und die Tomaten. Das Ganze würzen wir mit Paprika, Salz, Chili, Honig und Essig. Jetzt kommen die abgeschütteten Bohnen dazu, und alles läßt man noch ein wenig schmoren.
Zum Schluß wird die Petersilie verlesen, gewaschen, trocken geschleudert und kleingehackt und über die fertigen Chilibohnen gestreut.
Dieses kleine Bohnengericht schmeckt heiß (auch als Beilage zu Getreide oder Gemüsebratlingen), lauwarm oder kalt.

242

Gefüllte Datteln

frische Datteln (pro Person 1 oder 2)
Doppelrahmfrischkäse
Salz, einige Tropfen Honig
Tabasco
Masalla (Masalla ist eine pikante Gewürzmischung,
die in der Regel zu Reisgerichten verwendet wird.
Man bekommt sie beim Gewürzhändler.)
Die Datteln waschen, der Länge nach halbieren und
die Steine entfernen. Aus dem Käse und den Gewür-
zen rühren wir eine pikant-scharfe Creme und füllen
damit die Dattelhälften.

Reste der Creme halten im Kühschrank einige Tage frisch, schmecken als Brotaufstrich.

Sehr dekorativ wirkt es, wenn die Creme mit einer
Spritztülle mit Sternchenvorsatz auf die Datteln gegeben wird.

243

Scharfe Feigen

200 g getrocknete Feigen
1/4 l Traubensaft
Pfeffer

Fragen Sie im Natur- kostladen nach unge- schwefelten Früchten – siehe Seite 210.

Den Traubensaft zum Kochen bringen, die Feigen dazugeben und 15 Minuten ziehen lassen. Anschließend
herausnehmen und viel frischen Pfeffer darübermah-
len.

244

Gurkensülze mit Gänseblümchen

1 kg Gurken
2 Zwiebeln
2 Knoblauchzehen
Salz, weißen Pfeffer
2 Bund Dill
150 g Schafskäse
2 Pakete weiße Blattgelatine
eine Handvoll Gänseblümchen
Die Gurken schälen, der Länge nach halbieren, mit einer Löffelspitze die Kerne herausschaben und in Stükke schneiden. Die Zwiebeln und die Knoblauchzehen
schälen und kleinschneiden. Den Dill waschen, trok-
kenschwenken und ebenfalls kleinschneiden. Nun alles

Buffet mit Marmoreiern (S. 145), Liptauer Käse (S. 186), Riesen-MacVollwert (S. 178), ▷
scharfem Aprikosen-Aufstrich (S. 177) und Fruchtkugeln (S. 178)

mit dem Schneidestab fein pürieren und mit den Gewürzen abschmecken.

Die Gelatineblätter müssen in Wasser eingeweicht und anschließend ausgedrückt werden. Dann nehmen wir von dem Gurkenmus drei bis vier Eßlöffel Flüssigkeit ab, erhitzen sie und lösen die Gelatine darin auf. Diese Gurkensaft-Gelatine-Mischung rühren wir nun unter das Gurkenpüree, schneiden den Schafskäse in Stückchen und heben ihn unter. Nun spülen wir eine Form mit kaltem Wasser aus, zum Beispiel eine Kuchen-Kastenform, und legen die gewaschenen und trockengeschwenkten Gänseblümchenköpfchen mit dem „Gesicht" nach unten in die Form. (Die Gänseblümchen sollten aus dem eigenen Garten oder von einer Wiese stammen, die nicht mit Schadstoffen und Herbiziden etc. behandelt wurde.) Darauf füllen wir die Gurkenmasse und lassen sie – am besten über Nacht – fest werden. Zum Stürzen wird die Sülze vorsichtig mit einem Messer vom Rand gelöst und die Form entweder kurz in heißes Wasser getaucht oder mit einem heißen Lappen abgewischt.

Verwenden Sie im Herbst die preiswerten dicken Gemüsengurken.

Pastete auf ein Kräuterbett, zum Beispiel aus Kresse, stürzen.

Scharfer Aprikosenaufstrich ⌈245⌉

(Farbtafel S. 176)

    500 g Aprikosen
    1 kleine rote Paprikaschote
    2 Knoblauchzehen
    1 Zweig getrockneten Thymian
    etwas Chilipulver
    Salz, Honig nach Geschmack

Aprikosen und Paprika werden gewaschen. Aprikosen entsteinen und in kleinere Stücke schneiden, auch den Paprika in kleine Würfel schneiden. Die Knoblauchzehen schälen und dazu pressen.

Vom Thymian werden die Blättchen abgestreift. Man sollte hier getrockneten Thymian verwenden, denn frische Kräuter können die schöne orange-rote Farbe des fertigen Aufstrichs beeinträchtigen.

Nun wird das Ganze noch gewürzt und einige Sekunden mit dem Stabmixer püriert. Fertig.

Dieser Aufstrich hält sich im Kühlschrank gut einige Tage. Er entfaltet seinen Geschmack besonders auf getoastetem und gebuttertem Schwarzbrot. Man kann damit auch ganz schnell eine Schüssel Reis in eine köstliche warme Mahlzeit verwandeln. Auch Hirsebrei, Nudeln oder Kartoffeln geraten mit dieser Zugabe zu einem ganz ungewohnten Geschmacksvergnügen. Die Aprikosenzeit ist leider ziemlich kurz. Deshalb empfehle ich, einige „Twist off-Gläser" mit der Soße zu füllen und steril zu verschließen.

246 · *Fruchtkugeln* (Farbtafel S. 176)

250 g verschiedene Trockenfrüchte, z. B. Feigen, Aprikosen, Äpfel, Datteln usw.

1 kleines Tellerchen, bedeckt mit Sesamsamen

Die Trockenfrüchte schneidet man klein und gibt sie anschließend in den Mixer. Wer einen sehr starken Mixer besitzt, kann sich das anfängliche Kleinschneiden sparen. Dann taucht man seine Hände in kaltes Wasser und formt kleine Kugeln aus dem Fruchtpüree, die man anschließend in dem Sesamsamen wälzt. Hübsch verpackt, läßt sich diese Leckerei auch gut verschenken. Sie ist, falls die Zutaten zu Hause sind, blitzschnell zubereitet und immer als Überraschung aufzutischen.

247 · *Riesen-MacVollwert* (Farbtafel S. 176)

Bei dieser Attraktion für jede kleine oder große Party geht es nicht ganz ohne Kochen ab, denn der Riesen-Bratling sollte in seiner weichen, saftigen und „knatschigen" Hülle sehr heiß sein. Aber es läßt sich so viel vorbereiten, daß die eigentliche Zubereitung im Handumdrehen geschehen ist.

Auch Kindern macht es großen Spaß, bei den Vorbereitungen mitzuhelfen, so daß der Riesen-MacVollwert auch ein Riesenerfolg wird.

Bevor die Festtafel eröffnet werden kann, müssen Sie für das Braten nur noch etwa zehn Minuten rechnen.

Aus dem fertigen Riesen-MacVollwert können Sie gut zehn bis zwölf große Portionen schneiden.

Für das Brot braucht man:
750 g frisch gemahlenes Weizenmehl
2 Würfel frische Hefe
1/8 l neutral schmeckendes Öl
1 Teelöffel Honig
2 Teelöffel Salz
etwas Milch
eine Handvoll Sesamkörner
Das Mehl sieben Sie in eine große Schüssel, geben die zerbröckelte Hefe und alle anderen Zutaten dazu und mischen gut durch. Dann gießen Sie drei Achtelliter des lauwarmen Wassers dazu und verarbeiten alles zu einem glatten Teig. Am besten verwenden Sie dazu das Handrührgerät mit dem Knethaken; Kochlöffel und Hände tun es aber auch.zugedeckt soll der Teig gehen, bis er etwa den doppelten Umfang erreicht hat. Ein Backblech wird mit Backpapier ausgelegt, und aus dem Teig wird eine Kugel geformt (evtl. mit Hilfe von etwas Mehl), die auf das Blech gesetzt wird. Mit Milch bestrichen und Sesamkörnern bestreut, läßt man das Brot nun etwa 45 Minuten bei 175° C backen. Danach wird das Brot gleich auf ein Gitter gelegt, damit es von allen Seiten gut auskühlen kann.
Für den Bratling benötigen Sie:
500 g frisch gemahlenen Grünkernschrot
1 1/4 l Wasser
3 Würfel Gemüsebrühe
1 Lorbeerblatt
nach Geschmack Salz, Pfeffer, Paprikapulver
1 oder 2 Eier
etwas Semmelbrösel
Den Grünkernschrot weicht man etwa eine Stunde im Wasser ein, gibt dann die Brühwürfel und das Lorbeerblatt dazu und bringt alles unter ständigem Rühren zum Kochen. Es darf nicht anbrennen. Nach 15 Minuten können Sie die Masse vom Herd nehmen (den Grünkernschrot sollte nun schön weich sein). Nun können Sie noch etwas nachwürzen. Die Geschmackszutaten kommen erst in Form von Soße und Frischgemüse dazu. Also nicht zuviel des Guten!
Nun die Eier unter die Masse rühren, daß sie gut bindet.

Brot und Bratlingsmasse können schon einen Tag vorher zubereitet werden. Die Bratlingsmasse sollten Sie allerdings nach dem Abkühlen in den Kühlschrank stellen. Für die Soße (Ketchup) brauchen Sie:

500 g vollreife Tomaten

1 Knoblauchzehe

Salz, Honig, scharfes Paprikapulver und etwas Essig nach Geschmack

Die Tomaten werden gewaschen und in Stücke geschnitten. Bei niedriger Temperatur dünstet man sie vorsichtig an. So ziehen sie gleich Flüssigkeit, und man benötigt kein Fett, das sich sonst etwa durch unschöne Fettaugen auf dem Ketchup bemerkbar machen würde. Nun gibt man Gewürze und Knoblauch dazu und läßt das Ganze so lange köcheln, bis die Soße so dick ist, daß sie wie Lavamasse blubbert (fest umrühren). Nun kann die Ketchup-Masse püriert werden und muß dann abkühlen.

Zur Vervollständigung des Riesen-MacVollwert brauchen Sie noch eine Menge Frischkost: feingeschnittene Zwiebelringe, knackige grüne Salatblätter, Tomatenscheiben, Gurkenscheiben, Spinatblätter oder Kohlstreifen, je nach Jahreszeit.

Kurz vor dem Servieren gibt man die Bratlingsmasse in eine große, gut ausgefettete Pfanne und brät sie auf beiden Seiten je etwa fünf Minuten an. Zum Umdrehen legt man am besten einen flachen, größeren Deckel auf die Pfanne, dreht diese um und läßt den Bratling dann wieder vorsichtig in die Pfanne gleiten. Nun wird das Brot aufgeschnitten, mit Frischkost belegt, und darauf kommt der Bratling, dann wieder Frischkost, Ketchup und die zweite Brothälfte.

Nun kann der größte, gesündeste und wohlschmeckendste Hamburger serviert werden, mit dem man ganz unbescheiden allen Produkten einer gewissen Fast-Food-Kette Konkurrenz machen kann. Ich jedenfalls habe schon viele Kinder sagen hören: „Dieser ‚Hamburger' schmeckt ja noch viel besser – und wenn der auch noch gesund ist – wo bleibt die nächste Portion?"

Pilzterrine

750 g Zuchtpilze (Champignons, Austernpilze,
Braunkappen gemischt)
3 Zwiebeln
2 Knoblauchzehen
250 g gepalte Erbsen
1 Bund Petersilie
3 Eßlöffel Butter
Salz und Pfeffer
2 Eßlöffel Zitronensaft
5 Eier
100 g geriebenen Emmentaler
Brösel von Vollkornsemmeln
Butter zum Ausfetten der Form

Die Pilze putzen, waschen und mit einem Küchentuch trockentupfen. Etwa zehn Pilze mit großer Haube kann man beiseite legen. Sie kommen ganz ins Innere der Terrine und lassen die aufgeschnittenen Scheiben besonders hübsch aussehen. Die restlichen Pilze werden kleingeschnitten. Die Zwiebeln und die Knoblauchzehen schälen und fein würfeln. Dann die Petersilie verlesen, waschen, trockenschleudern und kleinschneiden. Nun die Zwiebel und die Pilze in der heißen Butter andünsten und mit dem Knoblauch, den Erbsen, der Petersilie, dem Zitronensaft, den Eiern und dem Käse mischen, gut würzen und mit den Bröseln binden.

In eine ausgefettete Terrinenform oder auch eine Kuchen-Kastenform füllen Sie dann die Hälfte der Teigmasse, drücken hier die ganzen Pilze hinein und füllen den Rest der Masse darauf. Die Form wird mit Deckel oder Alufolie verschlossen, in die Fettpfanne im Backofen wird etwas Wasser gegossen, und die Terrine wird darin bei 200° C eine Stunde lang gegart. Nach dem Abkühlen kann man die Terrine aus der Form lösen und auf einer Platte anrichten.

Zum Binden eignen sich statt der Brösel auch Haferflocken.

249

Sommersalat aus der Provence

4 Eier (etwa 2 Wochen alt)

500 g feste Tomaten

3 kleine Zucchini

eine Handvoll Mangoldstiele

2 Eßlöffel Zitronensaft

1 Tasse schwarze Oliven

1/2 Tasse Pinienkerne

4 EL Pesto (siehe Seite 85)

1 weiße Zwiebel

3 EL Weinessig

5 EL Olivenöl

Salz und Pfeffer

Die Blätter können z. B. für Mangoldkugeln (s. S. 188) oder anstelle von Spinat-Nudeln (s. S. 90) verwendet werden. Oder einfach mit Knoblauch, Salz und Pfeffer in Olivenöl, andünsten.

Die Eier kalt aufsetzen und sechs Minuten kochen. Dann abschrecken und pellen.

Während die Eier kochen, kann man Zucchini und Mangoldstiele waschen, die Zucchini in etwa einen halben Zentimeter breite Scheiben schneiden und die Mangoldstiele in etwa zwei Zentimeter lange Stücke. In einen Topf mit wenig Wasser geben Sie das Salz und den Zitronensaft. Darin werden zuerst die Mangoldstiele fünf Minuten gedünstet, dann kommen die Zucchini dazu, und alles zusammen dünstet noch drei Minuten. Die sehr schöne grüne Farbe der Zucchini bleibt erhalten, wenn Sie das Gedünstete sofort mit kaltem Wasser abschrecken.

Und nun kann es ganz schnell gehen: Die Tomaten werden gewaschen und in Stücke geschnitten, in einer großen Schüssel werden Tomaten, Zucchini, Mangold, die geschälte und in ganz dünne Ringe geschnittene Zwiebel, Oliven und Pinienkerne gemischt, die geviertelten Eier werden darauf gelegt, und alles wird mit einer Salatsoße aus Essig, Öl, Salz und Pfeffer übergossen. Den Schluß bilden einige Kleckse Pesto auf dem Salat.Dieser Salat schmeckt am besten in der Sonne bei einem Gartenfest. Er läßt sich aber auch gut für ein Picknick einpacken, und zusammen mit geröstetem Knoblauchbrot sorgt er auf dem Balkon für ein kleines, aber feines Abendessen.

Tofu – pikant mariniert ⟨250⟩

500 g festen Tofu
5 Eßlöffel Sojasoße
Saft einer Zitrone
Saft einer Orange
1 Teelöffel scharfen Senf
2 Knoblauchzehen
Cayennepfeffer
Zwiebelröhrchen
eventuell noch etwas Salz

Aus dem Zitronen- und Orangensaft, der Sojasoße, dem Pfeffer und dem Senf stellen Sie eine homogene Soße her. Die Knoblauchzehen werden gewaschen, trockengeschleudert und in etwa einen halben Zentimeter breite Stückchen geschnitten und zur Soße gegeben. Nun kann man den in mundgerechte Stückchen zerteilten Tofu hineinlegen und ziehen lassen. Der Tofu nimmt mehr Geschmack an, wenn Sie ihn bereits einen Tag vor dem Fest marinieren.

Servieren Sie den Tofu in der Marinade und legen kleine Holzspießchen dazu, so kann sich jeder nach Belieben etwas heraustippen.

Türkische Weinpäckchen ⟨251⟩

pro Person (= 2 Röllchen) brauchen Sie etwa:

4 Weinblätter in Salzlake (es gibt sie in türkischen oder griechischen Geschäften zu kaufen, wenn man nicht in der glücklichen Lage ist, einen eigenen Weinstock vor der Tür zu haben)
100 g Frischkäse
1 Knoblauchzehe
3 eingelegte schwarze Oliven
einige Tropfen Zitronensaft
einige Tropfen Olivenöl
Salz, Pfeffer
einige Pfefferminzblätter

Den Frischkäse mit dem geschälten und zerdrückten Knoblauch, den entsteinten und kleingehackten Oliven, dem Olivenöl, dem Zitronensaft und den gewa-

Variation: Tofu statt Frischkäse verwenden oder einen Teil der Käsemenge durch gekochten Reis ersetzen.

183

schenen und kleingehackten Pfefferminzblättern gut vermengen. Mit Salz und Pfeffer abschmecken. Die Weinblätter kurz unter kaltem Wasser waschen und jeweils zwei Blätter zur Hälfte übereinanderlegen. Nun ein bis zwei Eßlöffel von der Frischkäsemasse daraufhäufen, Seiten der Blätter einschlagen und aufrollen.

⟨252⟩ *Eier mit Kruste*

pro Person:
1 Ei
1 Eßlöffel Brösel von Vollkornsemmeln
Kräutersalz, Pfeffer
Curry
2 Eßlöffel Sahne
1 Eßlöffel gemischte Kräuter, gewaschen und kleingehackt
1 Teelöffel Butter

Die Eier werden hartgekocht und kaltgestellt, Semmelbrösel, Salz, Pfeffer, Curry, Sahne und Kräuter zu einer Masse verrührt. Die abgekühlten Eier samt Schale der Länge nach auseinanderschneiden. Dazu klopft man die Schale am besten erst einmal ringsum leicht an, damit sie nicht zu sehr splittert.

Die glatten Eiflächen werden jetzt in die „Kräuter-Brösel-Masse" gedrückt und mit dieser Seite auch in der heißen Butter goldgelb angebraten.

⟨253⟩ *Gestreifte Tomaten-Terrine*

1 kg sehr reife Tomaten
2 feste Tomaten
1/4 l Gemüsebrühe
1 Eßlöffel Essig
3 Päckchen Gelatine (das sind 18 Blätter)
500 g Sahnequark
1/8 l Milch
1 Bund Basilikum
2 Knoblauchzehen
Salz, Pfeffer

Zuerst alle Tomaten waschen, die zwei festen Tomaten in Scheiben schneiden und in einer dekorativen Linie auf den Boden einer mit kaltem Wasser ausgespülten Kastenform legen. Mit einigen Basilikumblättchen verzieren. Nun die reifen Tomaten etwas zerkleinern und in der Gemüsebrühe mit dem Essig weich dünsten. Inzwischen neun Blätter Gelatine einweichen, einige Eßlöffel von der Milch erhitzen und die Gelatine darin auflösen. Anschließend den Quark mit der Milch und der aufgelösten Gelatine gut verrühren, mit Salz und Pfeffer, den geschälten, zerdrückten Knoblauchzehen würzen und die restlichen gewaschenen und etwas kleingehackten Basilikumblättchen daruntermischen.

Von diesem „Würzquark" geben Sie nun eine etwa zwei Zentimeter dicke Schicht vorsichtig in die Form. Vorsicht, daß die Dekokration nicht leidet!

Sind die Tomaten inzwischen weich, nehmen wir sie vom Herd und weichen die anderen neun Blätter Gelatine ein. Die Tomaten werden mit dem Schneidestab fein püriert und mit Salz und Pfeffer abgeschmeckt.

Wenn das Tomatenpüree etwas abgekühlt ist, kann man die eingeweichte Gelatine unterrühren und auflösen. Sobald die weiße Quarkschicht etwas fest geworden ist, kommt die rote Tomatenschicht dazu. Dann in den Kühlschrank damit und warten, bis auch diese Schicht fest geworden ist. Nun kommt wieder eine weiße Schicht, und so weiter, bis alles aufgebraucht ist. Für das Buffet wird die Terrine vorsichtig aus der Form gelöst und auf eine Platte gestürzt.

Es sieht noch hübscher aus, wenn Sie die Platte vorher mit Salatblättern, Spinat oder Kräutern belegen.

254

Liptauer Käse (Farbtafel S. 176)

500 g Quark
100 g Butter
2 Zwiebeln
1 Eßlöffel Kapern
Salz, Pfeffer und Paprika

Vor der Zubereitung wird die Butter aus dem Kühlschrank genommen und in kleinere Stücke geschnitten, damit sie weich wird. Die weiche Butter gründlich mit dem Quark, den fein gehackten Kapern, den Zwiebeln und den Gewürzen verrühren. Gut gekühlt läßt sich der „Liptauer Käse" hübsch anrichten, zum Beispiel mit Radieschen, Schnittlauch oder Petersilie.

255

Eß-Blumen (Farbtafel S. 160)

Diese wunderhübschen „Blumen" können allein bestehen, geben aber auch dem kalten Buffet eine besonders dekorative Note. Da die Zutaten vor allem im Winter zu bekommen sind, eignet sich so eine Eß-Blume dazu, ein wenig Sonne und Sommerstimmung auf den Tisch zu zaubern und so manchen „Nebelgeist" zu vertreiben. Die Blumen können als Vorspeise zu einem festlichen Gericht ebenso serviert werden wie als Zwischendurch-Snack bei besonderen Gelegenheiten.

Die Zubereitung ist so einfach, daß auch Kinder Eß-blumen zubereiten können. Man benötigt:

4 kleine Orangen
2 Chicoree
1 Banane
1 rote Paprikaschote
200 g Frischkäse
1 Teelöffel Zitronensaft
1/2 Teelöffel Honig
etwas Salz, Pfeffer

Die Chicoree schneidet man der Länge nach in der Mitte durch. Schneiden Sie auch den inneren, bitteren Strunk heraus. Nun nehmen Sie die Blätter einzeln auseinander und waschen sie kurz in lauwarmem Wasser. Als Dekoration werden die Chicoreeblätter sternförmig auf vier Teller verteilt.

Jetzt schälen Sie die Orangen sorgfältig; entfernen Sie möglichst auch die weiße Innenhaut. Die Orangen werden nun vorsichtig zu einer „Blüte" aufgebogen. Am unteren Ende sollten die Schnitze noch zusammenhängen. Diese „Orangenblüten" setzen Sie in die Mitte der Chicoreekränze. Jetzt wird die Banane geschält und mit einer Gabel fein zerdrückt, dann gleich mit dem Zitronensaft vermengt, damit der Bananenbrei nicht braun wird. Bananenbrei und Käse vermischen, mit Honig, Salz und Pfeffer abschmecken und in den Orangenrosetten verteilen. Den Abschluß bildet die in kleine Würfel geschnittene Paprikaschote.

Backkartoffeln mit Käsekruste ⟨256⟩

(Farbtafel S. 192)

Dieses Gericht erfordert kaum Arbeit, und auch die Zutaten hat man meist vorrätig. Allerdings ist es weniger für den „schnellen Hunger" geeignet, denn die Garzeit beträgt 45 Minuten. Man benötigt:

1 kg Kartoffeln
2 bis 3 Kugeln Mozzarella-Käse oder jede andere schmelzfähige Käsesorte
etwas Öl
Salz, Pfeffer
Oregano

Die Geschmacksrichtung der Backkartoffeln mit Käsekruste wird durch die Wahl der Käsesorte bestimmt. Vom eher milden Mozzarella über Gouda und Emmentaler bis hin zum Blauschimmelkäse können Sie eine milde bis kräftig würzige Käsekruste wählen.

Die Kartoffeln werden gewaschen, der Länge nach halbiert und mit der Schnittfläche nach unten auf ein geöltes, mit Salz und Pfeffer bestreutes Backblech gelegt. Im Backofen läßt man sie nun je nach Größe 30 bis 40 Minuten bei 220° C backen. Die Kartoffeln sind gar, wenn Sie mit einer Gabel hineinstechen können. Drehen Sie die weichen Kartoffeln mit der Schnittfläche nach oben und belegen sie mit dünnen Käsescheiben. Bei Oberhitze im Backofen noch einmal kurz überbacken, bis der Käse fein zerlaufen ist.

Zu den Backkartoffeln paßt ausgezeichnet ein herzhafter Tomatensalat, aber auch ein Apfel für jeden kann das Gericht verfeinern.

⟨257⟩ *Mangoldkugeln*

1 kg Mangold oder ersatzweise auch großblättriger Spinat
Salzwasser
500 g Vollwertreis
1 Würfel Gemüsebrühe
bunte Gemüsewürfel, wie z. B. Paprika, Erbsen, Karotten
1 Bund Kräuter der Saison
Öl oder flüssige Butter zum Anbraten und Ausfetten
Salz, Pfeffer
1 Ei
2 Eßlöffel Crème fraîche
1/4 l Gemüsebrühe
1 Becher süße Sahne
1 Prise Muskat

Zuerst wird das Gemüse in etwas Öl angedünstet, dann der Reis dazugegeben, alles gut durchgerührt und mit Wasser aufgegossen. Den Brühwürfel noch hineingeben und im geschlossenen Topf bei geringer Hitze gar kochen lassen. Inzwischen können Sie die Mangoldblätter waschen und die dicken Blattstiele herausschneiden (die können Sie für eine Suppe, als Gemüse oder im Salat verwenden). Die Blätter kochen Sie etwa eine Minute in reichlich Salzwasser und schrecken sie gleich mit kaltem Wasser ab, damit sie ihr appetitliches Grün behalten. In einen gefetteten Schöpflöffel werden sorgfältig einige Mangoldblätter gelegt, bis die Fläche ganz ausgekleidet ist. Dahinein kommt dann etwas von dem fertig gegarten Reis, den Sie vorher mit Ei, Crème fraîche, Salz und Pfeffer abgeschmeckt haben. Den Reis fest in den Löffel drücken, damit die Kugeln eine schöne Form bekommen. Dann faltet man noch die überstehenden Blätter darüber und nimmt die Kugel vorsichtig aus dem Löffel. In einer ausgefetteten, feuerfesten Form werden die Kugeln bei 200° C

15 Minuten gegart. Aus Gemüsebrühe, Sahne und Muskat bereiten Sie in der Zwischenzeit eine Soße. Wollen Sie die Mangoldkugeln kalt essen, können Sie durchaus auf die Soße verzichten.

Melone – süß gefüllt

(258)

1 große Wassermelone
Saft von 2 Zitronen
1 Teelöffel Agar-Agar
3 Eßlöffel Honig

Die Wassermelone in der Mitte auseinanderschneiden, aus dem Fruchtfleisch mit einem Eisportionierer oder mit einem kleinen Löffel Kugeln ausstechen und beiseite legen. Das restliche Fruchtfleisch auslösen, von den Kernen befreien und mit dem Honig pürieren. Agar-Agar mit dem Zitronensaft verrühren und eine Minute aufkochen lassen. Nun dies mit dem Melonenmus mischen und in die Melonenschalen füllen. Als Abschluß setzen Sie die Kugeln darauf und dekorieren mit Pfefferminzblättern oder Zitronenscheiben.

Kapitel 11

Küchentips und Kniffe: Wie man sich die Arbeit erleichtert und Zeit spart

Einkaufen, Abwiegen, Schälen, Einmachen

Einkaufen

Es ist praktisch, immer einen kleinen Grundvorrat an bestimmten Lebensmitteln im Haus zu haben, besonders wenn man ab und an ein „schnelles" Essen herstellen will. Einkaufen ist schön, und es bleibt schön, wenn man nicht zu häufig geht. Oder gehen muß – wegen irgendwelcher Kleinigkeiten. Das zu verhindern, hilft die Einkaufsliste. Notieren Sie,

● was fehlt.

Goldene Regel: Wenn die letzte Packung Salz, Kakao angebrochen oder das letzte Glas Honig geöffnet wird, kommt das Produkt auf den Einkaufszettel.

● was Sie für neue Rezepte brauchen. Es hat sich als ökonomisch sinnvoll erwiesen, die „Fehlliste" schon in die einzelnen Einkaufsgelegenheiten und Läden einzuteilen. Das sieht etwa so aus:

Je nachdem, was eine Woche an Überraschungen bringt, kann man mit einem „Großeinkauf" alle zwei bis drei Wochen auskommen.

Frische Produkte wie Gemüse, Obst und Milch kauft man nach Bedarf im Naturkostladen oder Reformhaus. Aber auch hier ist kein täglicher Einkauf nötig.

Rohkost heißt ja nicht nur Kopfsalat, Spinat oder Erdbeeren, die immer wirklich frisch sein sollten. Hervorragende Rohkostteller kann man auch aus Karotten, Äpfeln, Sellerie, Gurken, Kohlrabi usw. zusammenstellen, die sich gut einige Tage halten. Im Frühjahr können Sie Lagergemüse wie z. B. Kohl mit selbstgezogenen Kräutern oder mit Keimen aufwerten.

Sehr viel billiger als im Naturkostladen oder Reformhaus fällt der Einkauf von Frischprodukten, aber auch von Getreide und Kartoffeln, aus, wenn man direkt bei einem ohne Gift wirtschaftenden Bauern einkauft. Dazu ist es oft ganz nützlich, sich zu einer Einkaufs-„genossenschaft" zusammenzutun oder mit mehreren Bekannten die Einkaufsaufgaben zu teilen: Alle Mitglieder geben zu einem vereinbarten Termin ihre Bestellzettel ab. Im Wechsel fährt dann das eine oder andere Mitglied der „Genossenschaft" aufs Land zu dem oder den Biobauern und schafft den Einkauf in einen gemeinsam gemieteten Lagerraum.

Da die meisten Biobauern ihre öffentlichen Verkaufszeiten auf das Wochenende gelegt haben, bietet sich für Leute ohne Einkaufsorganisation die Möglichkeit, den Familienausflug mit dem Einkauf zu verbinden. Es ist mehr als ein Spaß, bei der Fütterung der Kühe zuzuschauen, von denen die Milch stammt, die wir mit nach Hause nehmen.

Abwiegen

Beim Kochen ist das Abwiegen von Nahrungsmitteln mit erheblichem Zeitaufwand verbunden. Deshalb:

1. die Küchenwaage dort plazieren, wo sie am meisten gebraucht wird;
2. viel Zeit sparen Sie, wenn Sie statt zu wiegen messen und wenn Sie sich dazu eigene Maße schaffen, zum Beispiel anhand einer bestimmten Tasse oder eines Töpfchens. Durch solche Erfahrung bekommt man sehr schnell ein Gefühl für benötigte Mengen. Messen Sie aus, wieviel Tassen Getreide Sie zum Beispiel zum Frühstück brauchen, wieviel für die Lieblingspfannkuchen usw. Schreiben Sie Ihre Meßergebnisse auf. Die Tasse bleibt dann immer im Vorratsschrank und auch die Liste, damit Sie im Zweifel nachgucken können.

Honig brauchen Sie nicht zu wiegen. Die von mir in den Rezepten angegebenen Löffelmaße sollen nur als ungefähre Orientierungshilfe angesehen werden. Leute, die gerade von üblichen Speisezetteln auf Vollwertkost umstellen, werden noch nach mehr Süße verlangen als solche, die schon lange vollwertig essen.Mit der Zeit werden die Geschmacksnerven sensibler, und man kommt bei vielen Gerichten ganz ohne Süße aus.

Butter muß in den seltensten Fällen gewogen werden. Sie können das benötigte Gewicht stets in etwa „errechnen". Das geht, wenn Sie von einem ganzen 250-Gramm-Stück ausgehen: In etwa zehn gleiche Teile eingeteilt, wiegt jedes Teil etwa 25 Gramm.

Schälen

Immer mehr Spitzenköche bieten Vollwertkost an, und umgekehrt bringen immer mehr Köche in Vegetarier- und Vollwertrestaurants ihre Gerichte nach dem Vorbild dieser Spitzenköche auf den Tisch. Das heißt, die Gerichte sehen immer mehr aus wie kunstvolle Arrangements. Man würde sich nicht wundern, unter den geschmackvoll drapierten Salatblättchen, neben der ein-

Backkartoffeln mit Käsekruste (s. S. 187) ▷

samen Karotte und den drei Erbsen eine bunte Astro-
nautenpille zu finden.

Wir gehen in der Vollwertkost davon aus, daß die
Nahrung um so besser bekommt, je naturnäher sie ist.
Und das, meine ich, gilt bis zu einem gewissen Grad
auch für die äußere Erscheinung.

Ich plädiere damit keineswegs für ein phantasieloses
Präsentieren der Speisen, im Gegenteil. In meinen Rezepten habe ich eine Reihe von Serviervorschlägen gemacht, die auch dem Auge ein kleines kulinarisches
Abenteuer bieten. In erster Linie meine ich aber: Nicht
„mogeln".

Beispiel: das Schälen von Früchten und Gemüsen, was
uns eiligen Köchinnen durch den hohen Arbeitsauf-
wand immer wieder einen Strich durch den Zeitplan
machen kann. Da sollen Tomaten vor der weiteren
Verarbeitung mit heißem Wasser überbrüht und geschält werden. Auberginen zum Beispiel sollen so lange im heißen Backofen verbringen, bis sich die Schale
mühelos lösen läßt. Obst, für welchen Zweck auch immer, soll grundsätzlich geschält werden, wenn es nach
den „Künstlern" der Vollwertküche geht.

Mit Vollwertkost hat das nichts mehr zu tun. Es sitzen
doch gerade dicht unter den Schalen von Obst und Gemüse die wertvollsten Inhaltsstoffe. Und auch auf die
„Ballaststoffe" – besser gesagt: die Faserstoffe, denn
sie bedeuten für den Organismus alles andere als
„Ballast" –, die beim Schälen verlorengehen, wollen
wir auf keinen Fall verzichten. Wenn wir schon alle
viel zu viel sitzen müssen und uns zu wenig bewegen,
dann sollten wir wenigstens unserem Darm Stoffe zu-
kommen lassen, die ihn auf Trab halten.

Schenken Sie sich also die Zeit, verzichten sie auf un-
nütze Schälarbeiten. Und zügeln Sie auch Ihre Angst
vor Schadstoffen ein wenig, die sich auf den Schalen
von Obst und Gemüse abgelagert haben und die auch
durch Waschen vielleicht nicht vollständig entfernt
werden können. Das Entfernen der Schale und damit
auch der restlichen darauf sitzenden Schadstoffe steht
in keinem Verhältnis zum Verlust der wertvollen Inhaltsstoffe. In Fachkreisen heißt es auch, daß es gerade

diese Stoffe sind, die erhebliche Arbeit bei der Entgiftung unseres Körpers leisten.

Einmachen

Konserven haben in der Vollwertküche eigentlich nichts zu suchen. Aber hier geht es auch nicht um exotische Früchte in Zuckersirup oder ganz famoses Gemüse in Salzlake. Es geht um Selbst-Eingemachtes. Sicher muß auch Selbst-Eingemachtes in der Vollwertküche nicht sein. Hier ist ja vor allem Frische gefragt, Zubereitung kurz vor dem Verzehr. Aber es gibt schon manchmal Situationen, in denen man froh ist, auf solch einen Vorrat zurückgreifen zu können, gerade dann, wenn nicht genug Zeit bleibt, etwas Frisches zuzubereiten. Dann ist man froh, ein Glas mit Fertigem zur Hand zu haben.

Wenn einen im eigenen Garten ein ungeahnter Erntesegen überrascht, wenn es bei der Bäuerin – die Sensation! – duftende Himbeeren kistenweise oder auf dem Markt Gemüse im „Sonderangebot" gibt, dann greift auch die Vollwertköchin zum Einmachglas.

Unbestritten: Einmachen ist sparsam, lecker, und beim Eintreffen unerwarteter Gäste kann ein kleiner Vorrat an selbst eingemachten Leckereien von Vorteil sein.

Ich habe mir viel Gedanken darüber gemacht, wie man Marmelade mit möglichst wenig Zucker haltbár machen kann, wie man Saures wie Pilze, Gurken oder Zwiebeln konservieren kann ohne allzulanges Kochen. Und vielleicht habe ich tatsächlich die beste Möglichkeit gefunden, als ich auf einer Verkaufsausstellung ein neues Vakuumgerät zur schonenden Haltbarmachung kaufte, das dort vorgestellt wurde. Zu Hause beim Auspacken fiel mir als erstes ein Anleitungsbüchlein entgegen, dessen Bilder und Schrift sehr „altmodisch" auf mich wirkten.

Des Rätsels Lösung: Die Broschüre stammt aus dem Jahre 1940!

„Das Wunder", so wird das Gerät genannt, wurde zu einer Zeit entwickelt, als Energie knapp war, und nach dem Krieg wieder vergessen. Was man mit diesem „Wunder" haltbar machen will, muß in kochendem

Zustand, also steril, ins Einmachgefäß. Man braucht weder Zucker noch Salz oder Essigzugaben für die Haltbarmachung und benötigt auch keine längeren Kochzeiten. Ein einmaliges Aufkochen genügt. Ein Glas so zu verschließen, dauert etwa zwei bis drei Minuten. Das Gerät kostete ca. 35 DM. Für mich war das eine Anschaffung, die sich gelohnt hat, denn man kann jedes verschließbare Glas verwenden, und auch Früchtemus ohne jeden Zusatz bleibt so, wie es eingefüllt wurde. Lediglich bei sehr großen Mengen wird es auf diese Art etwas mühselig.

Bestelladresse:
„Einmachwunder"
Dampfkonservierer
Fa. Peter Franken
GmbH
Postfach 200 248
4000 Düsseldorf 1

Umgang mit einigen Lebensmitteln

Eier

Eier sollten Sie immer nur dort kaufen, wo sie garantiert von Hühnern aus Freilandhaltung stammen. Also am besten vom Bauern, bei dem Sie die Hühner mit eigenen Augen über Hof und Wiese stolzieren sehen können. Daß die industrialisierte Eierproduktion, die Massentierhaltung in winzigen Käfigen, Tierquälerei ist, wurde von Gerichts wegen festgestellt. Damit die Tiere durchhalten, werden sie laufend mit Beruhigungsmitteln und Hormonen gefüttert, was eine Gefahr für die Gesundheit des Verbrauchers darstellt. Auch Hühner in „Bodenhaltung" haben es nicht viel besser. Wer sich vorstellt, daß die Hühner hier lustig gackernd herumscharren, irrt. Der Stall ist ständig dunkel, mit nur ganz wenig künstlichem Licht. Und die Tiere bekommen Beruhigungsmittel, damit sie durch die Enge nicht aggressiv werden. Weitere regelmäßige Medikamentgaben sollen Erkrankungen verhindern. Ein weiteres Argument, nur noch Eier von Hühnern aus Freilandhaltung zu essen, ist deren unvergleichlicher Geschmack, weil die Hühner nicht nur anders leben, sondern auch anderes Futter bekommen.
Fachleute streiten besonders das Geschmacksargument ab. Am besten, Sie probieren selbst.

195

Für mich steht fest: Eier von freilaufenden Hühnern stellen ein wertvolles Nahrungsmittel für die Vollwertküche dar.

Eiklar muß mit absolut sauberem Besen geschlagen werden, Eigelb verträgt einige Reste Eiklar. Müssen Eigelb und Eiklar getrennt zu Schaum geschlagen werden, erst das Eiklar, dann das Eigelb bearbeiten.

Sie bieten die Möglichkeit zu vielfältigen Kombinationen mit Kartoffeln, Gemüse und Getreide und so für ein ausgewogenes Ernährungsprogramm.

Weiterer Vorteil: Mit Eiern können Sie zahlreiche Blitzgerichte zaubern.

Wenn Sie gerne hartgekochte Eier essen oder verwenden, ist ausnahmsweise Frische nicht Trumpf. Frische, gekochte Eier lassen sich nämlich nur sehr schlecht schälen. Das Eiweiß löst sich nicht von der Schale, und die Eier sehen dann sehr zerfleddert aus. Hier also darauf achten, daß die Eier etwa zwei Wochen alt sind.

Geliermittel

In der schnellen Küche finden Geliermittel oder auch Bindemittel kaum Verwendung. Nur bei Gerichten, die man gut vorbereiten kann, zum Beispiel Gemüse- oder Obstsülzen fürs Büffet, fürs Picknick oder fürs Pausenbrot, braucht man ein Geliermittel.

Das herkömmliche Geliermittel ist Gelatine. Sie wird in durchsichtigen Platten oder in Pulverform angeboten und wird aus Knochen oder anderen tierischen Abfallprodukten gewonnen.

Strenge Vegetarier verzichten deshalb auf Gelatine. In der Vollwertküche wird Gelatine in der Regel durch andere Geliermittel ersetzt, weil es sich bei ihr um ein Produkt handelt, das frei von jeglichen gesundheitsdienlichen Inhaltsstoffen ist. Stattdessen wird gerne *Agar-Agar* verwendet. Es besteht aus getrockneten Meeresalgen und kommt aus Ostasien. Agar-Agar enthält ungefähr 3,5 Prozent Mineralstoffe, vor allem Eisen und Jod. Die Geliertemperatur liegt bei ungefähr 30 Grad. Man bekommt das Algenprodukt in Pulverform in Naturkostläden und Reformhäusern, und es kann genau wie Gelatine verarbeitet werden.

Zwar ist Agar-Agar auf den ersten Blick ausgesprochen teuer, doch der Preis relativiert sich insofern, als die Gelierkraft von Agar-Agar sehr hoch ist und deshalb nur geringe Mengen verwendet werden müssen. Allerdings unterscheidet sich die Gelierkraft von Produktmarke zu Produktmarke erheblich, daher ist es notwendig, die Gebrauchsanleitung stets genau durchzulesen.

Gemüsebrühe

Gemüsebrühe wird in der Küche ständig gebraucht: als Grundlage für Suppen und Soßen, für Sülzen und Eintöpfe usw. Aus Fertigprodukten in Form von Würfeln oder Granulat kann mit kochendem Wasser blitzschnell eine Gemüsebrühe „gezaubert" werden.

Leider haben diese Fertigprodukte auch Nachteile: Fast alle Marken enthalten zu viel Salz. Außerdem sind immer Geschmacksverstärker enthalten. Diese können zu Schwindelgefühl, Kopfschmerzen und zu Erbrechen führen.

Beim täglichen Kochen bieten sich die Grundzutaten für eine Gemüsebrühe von selbst. Wenn Ihnen am Abend die Familie bei der Zubereitung eines Gemüseauflaufs oder -eintopfs hilft, bitten Sie doch einfach darum, daß der saubere „Gemüseabfall" in einem Topf gesammelt wird.

Er wird mit Wasser aufgegossen, wir geben ein Lorbeerblatt, Pfefferkörner, eine Knoblauchzehe und etwas Salz dazu und lassen das Ganze etwa eine halbe bis eine Stunde leicht köcheln.

Das macht kaum Mehrarbeit, und Sie haben einen Topf voll wunderbarer Gemüsebrühe, die jederzeit „einsatzbereit" ist.

Im Kühlschrank hält sie abgeseiht gut drei Tage.

Ich koche sie gerne noch länger und friere dann das „Konzentrat" im Eiswürfelbehälter ein.

Nicht nur Gemüseabfälle, auch die „Flüssigkeitsabfälle" von kurz gekochtem Gemüse für Terrinen oder Aufläufe können die Grundlage für eine feine Brühe bilden. Überlegen Sie also beim Kochen immer, ob etwas wirklich Abfall ist oder ob es nicht genügend wertvolle Inhaltsstoffe enthält, die in unserer schnellen Vollwertküche die Grundlage für eine kleine Köstlichkeit bilden können.

Getränke

Kinder haben oft Durst. Sie sind ständig in Bewegung, toben, und während des Schulunterrichts müssen sie viel Zeit in Räumen mit trockener Luft verbringen.

Leider sind die Zeiten vorbei, in denen man einfach an den Brunnen oder den Wasserhahn gehen konnte, um gesundes, erfrischendes und wohlschmeckendes Wasser zu trinken.

Heutzutage fließt nur noch mehr oder weniger chlorhaltiges Wasser aus dem Hahn, das „pur" nicht schmeckt. Durch Beigabe von Frucht- und Kräutertees läßt sich aber nicht nur der Geschmack erheblich verbessern, sondern die wertvollen Inhaltsstoffe der Teekräuter, Vitamine und Mineralstoffe, gehen auch auf das Getränk über.

In unserer „schnellen Küche" ist es am besten, gleich beim Frühstück einen großen Topf Tee mitzukochen, das spart Zeit und Energie. Was beim Frühstück übrig bleibt, lassen Sie erkalten, und alle können im Laufe des Tages damit den Durst löschen.

Anreichern können Sie den Tee mit Zitronen- oder Orangensaft. Das gibt dem kalten Tee ein „gewisses Etwas". Auch Gewürze wie Nelken, Zimt oder Ingwer sorgen für geschmackliche Abwechslung.

Für Kinder und Jugendliche, die bei Spiel und Sport (oder beim Tanzen) durch das Schwitzen viel Mineralstoffe verlieren, ist es gut, wenn sie ihren Durst mit Mineralwasser stillen. Auch hier kann die Zugabe von Zitronensaft für mehr Geschmack sorgen und ist gleichzeitig eine Vitamin-C-Spritze.

Allerdings liegen nun dauernd halb ausgepreßte Zitronen in der Küche herum, und die Saftpresse ist wieder einmal schmutzig und schon angetrocknet. Das kostet Nerven!

Ich habe dafür folgende Lösung gefunden: In einer ruhigen Viertelstunde reibe ich die Schale einer ganzen Menge von Zitronen ab. Dann bereite ich aus einem Teil der Schalen gleich Würzhonig (s. S. 211), den anderen Teil lege ich an einen luftigen Ort zum Trocknen. Die getrocknete Schale verschließe ich in einem Glas und verwende sie zum Würzen.

Die „nackten" Zitronen schneide ich nun in der Mitte durch und presse sie aus. Einen Teil des Safts gieße ich in den Eiswürfelbehälter und stelle ihn ins Gefrierfach. Die fertigen „Safteiswürfel" werden in einen Beutel umgepackt, der ebenfalls im Eisschrank seinen Platz findet. Das wiederhole ich so lange, bis der ganze Saft zu Eis gefroren ist. Wenn sich nun jemand eine „Zitrone natur", das heißt Mineralwasser mit Zitronensaft, machen möchte, muß er sich nur einen Zitroneneiswürfel holen, ins Glas geben und mit Mineralwasser aufgießen.

Wie wäre es jetzt mit Eiswürfeln zum Beispiel aus pürierten Erd- oder Himbeeren? Die schmecken in Milch besonders gut.

Im Pausengetränk, für Ausflüge oder Picknicks haben sie den Vorteil, daß sie Milch, Tee oder Wasser einige Zeit kühl halten.

Gewürze

Die Geschmäcker sind verschieden, nicht jeder mag es scharf.

Bei meinen Rezeptvorschlägen habe ich mich hauptsächlich auf Pfeffer und Salz beschränkt, und bei den Mengenangaben handelt es sich (außer beim Honig) um ein Mindestmaß. Das bedeutet, daß Sie nach Ihrem Geschmack zusätzlich Gewürze und Kräuter verwenden können, wie Sie mögen.

Die verschiedenen Gewürze sind für eine gesunde Ernährung äußerst wichtig. Sie wirken zum Beispiel anregend auf den Appetit, auf die Verdauung, sie unterstützen den Kreislauf und schützen vor Infektionskrankheiten.

In den Ländern des Orients und des Fernen Ostens sind die kostbaren Gewürze und ihr Einsatz in der Küche bekannt. So gab es schon im alten Babylon Gewürzkrämer und Gewürzhäuser. Und aus dem antiken Griechenland gibt es manche Überlieferung, wie die Gewürze von den großen Gelehrten, zum Beispiel von Hippokrates, zu Heilzwecken empfohlen und eingesetzt wurden. In der Volksmedizin Chinas ist es heute noch üblich, daß die Kranken sich bei den Heilkundigen bestimmte Gewürzmischungen für ihre Küche holen und so ihre „Arznei" in die Mahlzeiten mischen können.

In vielen Kulturen gehörten Gewürze zu den Opfergaben für die Götter, so wertvoll und lebenswichtig wurden sie eingeschätzt.

In unserem Kulturkreis nahm die Kunst des Würzens dagegen erst zur Zeit Karls des Großen ihren Anfang. Er ließ umfangreiche Gewürzgärten anlegen und war auch kaum aufzuhalten, wenn es darum ging, seltene Gewürze aus fernen Ländern einzuführen. Dann waren es die Klöster, die den Anbau von Gewürzpflanzen studierten und weitergaben, und die Kräuter wurden in ihrer Küche ebenso intensiv eingesetzt wie für der Herstellung von Genußmitteln (Kräuterliköre) und Heilmitteln.

Geizen Sie also nicht beim Würzen Ihrer Speisen, und erforschen Sie die einzelnen Geschmacksrichtungen. Gewürze sind nicht nur gesund und bilden einen nicht unerheblichen Teil unserer Küchenkultur, sie geben uns in der „schnellen Küche" auch noch den Vorteil, daß wir einfach zubereitete Nahrungsmittel und deren Kombinationen, wie zum Beispiel Kartoffeln, Eier oder Sahne, sehr abwechslungsreich abschmecken können und damit für eine anregende Geschmacksvielfalt sorgen.

Wertgebend in den Gewürzen sind vor allem die ätherischen Öle, verschiedene Vitamine, Spurenelemente und Mineralstoffe.

Honig

Honig ist in unserer gesunden Küche neben den natürlich süßen Nahrungsmitteln wie zum Beispiel Obst, Beeren und ungeschwefelten (!) Trockenfrüchten *das* vollwertige Süßungsmittel. Wegen seiner ausgeprägten Süßkraft und des deutlichen Eigengeschmacks verwendet man ihn statt Zucker.

Bienen sammeln den Blütennektar verschiedener Pflanzen, bereichern ihn durch eigene Sekrete und stellen damit die optimale Nahrung für die Bienenkönigin und die neue Brut her, das sogenannte „Gelee Royale". Dabei wird der Blütennektar in Fruchtzucker bzw. Traubenzucker umgewandelt. Die Bienen speichern den Honig in Waben, aus denen der Imker ihn herausschleudert.

Honig enthält zwischen 70 und 80 Prozent Fruchtzucker, höchstens 22 Prozent Wasser, daneben Mineralstoffe, Vitamine, Enzyme und Aromastoffe. Damit diese beim Herauslösen des Honigs aus den Waben erhalten bleiben, muß der Honig kaltgeschleudert, das heißt, allein durch die Zentrifugalkraft der Honigschleuder aus den Waben gelöst werden. Das ist schon längst keine Selbstverständlichkeit mehr, denn durch Erhitzen kann der Ausnutzungsgrad erhöht und der Arbeitsvorgang erleichtert werden.

Sicheres Zeichen für kaltgeschleuderten Honig ist die Kristallisation. Kristallisierten Honig auf keinen Fall auf mehr als 35° C erhitzen, dabei werden wichtige Inhaltsstoffe zerstört.

Honig enthält eine ganze Reihe von Inhaltsstoffen, denen heilende Wirkung zugeschrieben wird. Im Übermaß genossen, entpuppt sich der Honig wegen des hohen Zuckergehalts allerdings als „Vitamin-räuber".

Meine Erfahrungen haben gezeigt, daß der Heißhunger auf „heftige" Süßigkeiten bei vollwertiger Ernährung nachläßt. Der Zuckergehalt im Getreide, im Gemüse, im Obst und in der Milch bzw. der Sahne reicht dann schon aus.

Honig wird so zum wertvollen Würzmittel.

Wenn wir nicht mehr nur süßen wollen, sondern das Würzen im Vordergrund steht, die Entfaltung einer spezifischen „kleinen" Geschmackszutat, entdecken wir bald die erstaunlichen Unterschiede zwischen den Honigsorten.

Sie können wählen zwischen Wald- und Lindenblütenhonig, Rosenblüten-, Akazien-, Alpenblumen-, Thymianblütenhonig usw. Jede dieser verschiedenen Sorten hat ihr ganz eigenes Aroma und läßt sich entsprechend unterschiedlich in der Küche einsetzen.

Akazienhonig ist zum Beispiel sehr hell, mit mildem Eigengeschmack. Und er färbt kaum. Bei Gebäck oder exotischen Gemüse- und Reisgerichten kann der herbe

Tannen- oder Thymianblütenhonig sich als das Tüpfelchen auf dem „i" erweisen.

Zitronen- und Vanillehonig, die sich häufig in den Rezepten finden, sind keine Honigsorten, sondern speziell zubereitete, besondere Gewürze aus der Zeitspar-Küche (siehe Seite 211/212).

Wenn in Rezepten nur „Honig" vermerkt ist, dann sollten Sie erst mildere Sorten (oder Mischungen) wählen, und nach und nach seltenere und eigenwilligere Honigsorten ausprobieren.

Kartoffeln

Kartoffeln sind ein vollwertiges Nahrungsmittel, da man mit ihnen, zusammen mit Getreide, Gemüse, Milchprodukten und Eiern, ausgewogene und wohlschmeckende Mahlzeiten bereiten kann.

Von den wertvollen Inhaltsstoffen der Kartoffeln bleibt am meisten erhalten, wenn sie in Form von „Pellkartoffeln" gegart werden. Beim Kochen von geschälten und zerkleinerten Kartoffeln geht ein hoher Anteil an Vitaminen und Mineralstoffen ins Kochwasser. Wird dieses bei der Weiterverarbeitung genutzt, bleibt Ihnen das „Gute" erhalten, wenn nicht, haben Sie das Beste weggeschüttet. Ich rate also zu Pellkartoffeln, die als Grundlage der meisten Kartoffelgerichte gut geeignet sind. Auch bei der Zubereitung von Kartoffelbrei ist das möglich. Sie müssen die Kartoffeln nur rasch mit Hilfe von Messer und Gabel schälen und dann gleich weiterverarbeiten, damit der Brei noch heiß auf den Tisch kommt.

Man wäscht sie in der Schale und setzt sie dann mit ein wenig Wasser zum Kochen auf. Je nach Sorte und Größe sind sie in etwa 15 bis 25 Minuten durchgekocht.

Der Schnellkochtopf ist ein wertvoller Helfer, um die Garzeit der Kartoffeln auf ein Minimum zu senken. Sie setzen darin die Kartoffeln mit ein wenig Wasser auf und schalten, wenn der Topf voll unter Dampf steht, auf halbe Hitze zurück. Nach drei Minuten ausschalten und die Kartoffeln mit der Resthitze fertig garen lassen. Wenn das Dampfventil wieder unten ist, sind auch die Kartoffeln gar.

Wenn der Dampfdruck mit Hilfe von kaltem Wasser gesenkt wird, bricht die Schale der Kartoffeln auf, und die Knollen werden „matschig".

Keime

Aus dem fernen Osten kamen mit der Mode kulinarischer Chinoiserien, den Restaurants mit chinesischer, vietnamesischer oder indonesischer Küche, die Keimlinge auch bei uns in Mode und traten schnurstracks zum Siegeszug in die moderne Vollwertküche an. Heute sind sie kaum noch wegzudenken und muten kaum jemanden noch sonderlich „exotisch" an.

Keime versorgen uns, unabhängig von der Jahreszeit, mit frischen Vitaminen und Mineralstoffen. Durch das Keimen verändert sich die Zusammensetzung der Samenkörner, die „Reserven" werden für den jungen Keim erschlossen, und so steigt je nach Samenart der Gehalt an Vitalstoffen um ein Vielfaches.

In diesem Zusammenhang möchte ich vor allem auf den höheren Eisengehalt und den Gehalt von Vitamin B12 verweisen, die nach Meinung vieler Ärzte bei reinen Vegetariern fehlen können.

Neben einem Mehr an Gesundheit kommt mit den Keimen oder „Sprossen" auch eine beachtliche Geschmacksvielfalt auf den Tisch. Es müssen ja nicht immer die (etwas faden) Mungobohnen-Sprossen sein; alles, was wir an unbehandelten Körnern bekommen können, kann zum Keimen angesetzt werden.

Es sollten grundsätzlich nur für diesen Zweck bestimmte Samen verwendet werden. Samen aus dem Landwirtschafts- und Gartenfachhandel sind meistens gebeizt, das heißt sie wurden in eine „Giftmischung" eingelegt, die sie nach der Aussaat vor Fäulnis, Pilzen und anderen Schädlingen schützen soll, sie sind also nicht geeignet für unsere Küche.

Die verschiedenen Getreide-Keime können Sie zu Salaten verarbeiten oder Mischsalaten zusetzen; das Müsli oder die Rohkostplatte können mit Getreide-Sprossen ebenso garniert werden, wie man sie im vollwertigen Gebäck verarbeiten kann.

Keime von Hülsenfrüchten geben Aufläufen, Suppen, Eintöpfen und Gemüsemischungen den letzten Schliff. Samen von sehr aromatischen Pflanzen wie zum Beispiel Rettichsamen, Luzerne-, Kresse- oder Senf-Sprossen können gut als gesundes Würzmittel eingesetzt werden. Man kann sie aufs Brot streuen oder einen Aufstrich daraus bereiten; man kann sie unter Nudeln oder Reis mischen oder als Belag für Pizza und Fladen verwenden. Und sie „adeln" eine leckere Pfannkuchenauflage. Am besten legt man sich einen ganzen „Sprossengarten" an, in dem es ständig keimt und so ständig etwas zu ernten ist. Man braucht dazu keine umfangreichen oder teuren Apparate. Pro Samenart brauchen wir nur ein Einmach- oder Marmeladenglas, ein Stück Gazetuch oder Fliegenvorhang und einen Gummi zum Verschließen. Man gibt eine halbe Handvoll Samen ins Glas. Nicht zu viel, denn nicht nur die wertvollen Inhaltsstoffe vervielfältigen sich im Prozeß des Keimens, sondern auch das Volumen, und damit sich keine Fäulniserreger vermehren können, brauchen die Sprossen bzw. Keimlinge viel Luft; sie dürfen also nicht zu dicht im Glas liegen. Dann füllt man mit Wasser auf und läßt die Samen einige Stunden oder über Nacht quellen.

Dann wird das Wasser abgegossen, und das Keimgut zweimal pro Tag mit frischem Wasser durchgespült. Das ist eine Aufgabe, die auch die kleineren Kinder übernehmen können. Durch die aufgespannte Gaze ist das ganz einfach, und man kann restliches Wasser auch gut ablaufen lassen.

Am besten gedeihen die Sprossen, wenn sie in einem warmem Raum mit nicht allzu großen Temperaturschwankungen, und dort zwar hell, aber nicht im Sonnenlicht, stehen dürfen.

So ein Sprossengarten bedeutet also wenig Aufwand und ist eine große Bereicherung für die gesunde und schnelle Küche. Und da es auch spannend ist, das Wachsen und Keimen ständig zu beobachten, ist es nicht schwierig, alle Familienmitglieder in die Verantwortung für das Gedeihen miteinzubeziehen.

Lauch

Die meisten Kinder (und auch viele Erwachsene) mögen Lauch oder Porree, wie er in manchen Gegenden
genannt wird. Der süßliche, sanfte Geschmack läßt
kaum noch etwas davon ahnen, daß es sich um ein
Zwiebelgewächs handelt. Gerade Kinder, die der trä-
nentreibenden, scharfen Zwiebel eher mit Widerwillen
gegenüberstehen, können sich für ein Lauchgericht be-
geistern.

Lauch ist überdies ausgesprochen vielseitig. Er läßt sich zu Nudelsoße verarbeiten, sieht hübsch in Terrinen aus, ist
eine feine Grundlage in Aufläufen und
gibt Gemüsesuppen eine eigene Note.
Zum Putzen: In den einzelnen „Hüllen"
hat sich Sand angesammelt, der schlecht
herauszuwaschen ist. Die „Hüllen" sind
von innen nach außen unterschiedlich reif: von saftig-grün bis welk-gelb.
Falls man den Lauch nicht dekorativ
geschnitten haben möchte, geht
es so am schnellsten und
saubersten:
Die Lauchstange wird von welken
Hüllen befreit, falls nötig,
werden welke Teile an
den Blattenden abgeschnitten.
Dann schneidet man die Lauchstange in der Mitte
durch und genauso noch einmal um 45° C versetzt, also im „Kreuz". Wichtig: Den Lauch nicht ganz durchschneiden, sondern am unteren Ende zwei Zentimeter
„ganz" lassen.
So fällt der Lauch so weit auseinander, daß er unter
dem fließenden Wasser leicht von Erdresten befreit
werden kann und hält trotzdem noch so gut zusammen,
daß man die Lauchstange mühelos von oben bis zur
Wurzel kleinschneiden kann.

Semmelbrösel

Semmelbrösel braucht man nicht nur zum Ausstreuen von Backformen oder zum Panieren, sondern oft auch zum Binden von Getreidemasse, zum Bestreuen von Aufläufen oder zu Dekorationszwecken. Lediglich „reine" Vollkornbäckereien und vereinzelt Naturkostläden bieten fertige Brösel aus Vollkornsemmeln an.

Wenn nicht: Bei wem ist nicht schon mal ein Stück Brot oder ein Brötchen trocken geworden? Diese müssen nicht im Abfall landen; in einem luftigen Leinenbeutel gesammelt, kann man sie zu leckeren Gerichten verarbeiten, wie sie auf Seite 116 u. 181 beschrieben sind.

Oder man stellt aus den gesammelten Brötchen Brösel auf Vorrat her.

Dazu schneidet man sie mit einem scharfen Messer in Scheiben, legt sie auf eine große Arbeitsplatte, deckt ein sauberes Küchentuch darüber und walzt mit einer vollen Flasche oder mit einem Nudelholz so lange darüber hin und her, bis alles zu Bröseln zerkleinert ist.

Für kleinere Mengen reicht es, ein trockenes Brötchen vorrätig zu haben, von dem man bei Bedarf die benötigte Menge mit Hilfe eines Reibeisens auf die Nahrungsmittel reibt.

Salat

Salat bedeutet für viele Menschen immer noch vor allem „Kopfsalat". Im Winter, wenn allenfalls noch kleine Salatköpfe aus Holland angeboten werden, die noch dazu sehr teuer sind, gibt es eben leider keinen „Salat".

Dabei bietet gerade im Winter die breite Palette der Wurzelgemüse, die sich aus der späten Herbsternte bis ins zeitige Frühjahr frisch halten, viele Möglichkeiten für bunte, phantasievolle Salate. Obst, Sprossen, Körner und Kräuter sorgen für viel Abwechslung. Kohl eignet sich genauso gut für Rohkost wie Fenchelknollen oder Lauch.

Man muß sich also zu keiner Jahreszeit mit der Salateinfalt von Kopfsalat und Gurke oder Tomate als Zugabe zufriedengeben. Allerdings haben alle appetitanregenden Vitaminspender eines gemeinsam: Sie sind ziemlich arbeitsaufwendig in der Zubereitung. Das Putzen, Waschen und Zerkleinern von Gemüse und Obst, das Waschen und Kleinschneiden von Knoblauch, Zwiebeln und Kräutern, das Zusammenmischen einer feinen Soße und das Anrichten nehmen halt Zeit in Anspruch. Und gerade die ist ja in der schnellen Küche knapp.

Mittlerweile werden in den Supermärkten Tüten mit „fix und fertig gezupftem Salat" angeboten. Daneben stehen gewöhnlich die fertigen Salat-Gewürz-Mischungen, und die gestreßte Hausfrau oder der eilige Single müssen zu Hause nur noch das Tütchen mit der Gewürz-Mischung anrühren und über den fertigen „Mischsalat" gießen.

Sehen wir von den Preisen für solche „schnellen Salate" ab, bleibt die Frage nach dem Wert solcher Angebote. Von wertvollen Inhaltsstoffen, die für den Organismus von Bedeutung sind, kann hier sicher keine Rede sein. Wir kaufen Schein statt Sein, etwas, das aussieht wie Salat und beinahe auch so schmeckt, aber ernährungsphysiologisch nur bescheidenen Wert hat.

Hinzu kommt, daß im Tütensalat schon mehrfach Listerien gefunden wurden: Bakterien, die hauptsächlich bei empfindlichen oder geschwächten Menschen zu Erkrankungen führen. Bei Schwangeren ist das ungeborene Kind gefährdet.

Aber keine Sorge – auch ohne „Frisches aus Holland" rund ums Jahr und ohne Tütensalat kann man in der schnellen Küche knackige Rohkost servieren. Ein gewaschener und geviertelter Apfel pro Person, einige geschälte Karotten dekorativ an den Tellerrändern plaziert, ein Bund Radieschen, eine in dickere Scheiben geschnittene Gurke – Rohkost, die in Minutenschnelle der schnellen Mahlzeit, z. B. aus Nudeln, beigelegt werden kann.

Bei uns hat es sich bewährt, immer eine größere Menge Tsatsiki auf Vorrat zu machen. Rohkost eintauchen und schlemmen.

Tsatsiki schmeckt auch zu warmen oder kalten Getreide- und Hülsenfruchtgerichten oder einfach zu einem Stück Brot. Es muß nicht immer eine Gurke verwendet werden. Woher sollte die im Winter auch kommen? Es schmeckt auch ohne – mit einigen Gewürzen verfeinert. Aus etwas Milch, Essig und/oder Fruchtsaft kann man ebenfalls schnell eine *Salatsoße* für gemischte Salate machen.

Wer bei Blatt- oder gemischten Salaten gerne eine Soße auf Essig-Öl-Basis verwendet, kann solch eine Soße auch vorbereiten: Nehmen Sie ein größeres Schraubglas und füllen Sie die Zutaten hinein. Pro Salatschüssel für vier Personen rechnet man für diese Basissoße etwa 3 Eßlöffel Essig, 5 Eßlöffel Öl, Salz und Pfeffer. Nun kommen die Grundzutaten für mehrere Portionen ins Glas, sie werden nach Belieben ergänzt, zum Beispiel mit Zwiebeln, Knoblauch, Senf, Kräutern usw. Dann wird das Glas fest zugeschraubt und kräftig durchgeschüttelt. Bewahren Sie die Soße im Kühlschrank auf, und verwenden Sie sie nach Bedarf. Sie hält sich gut zwei bis drei Wochen.

Sojaprodukte

Die Sojabohne, bei uns lediglich als Futtermittel für Tiere angebaut, ist für die Menschen im fernen Osten schon seit einigen Jahrtausenden wichtiges Grundnahrungsmittel. Sie ist sehr reich an Eiweiß, also eine gute Ergänzung zum Eiweiß anderer Lebensmittel, und enthält viele Vitamine, vor allem der Gruppe B und E, Mineralstoffe wie Eisen, Phosphor, Kalium und Kalzium. Weil die Sojabohne so reich an wertvollen Inhaltsstoffen ist, wird sie auch „Fleisch des Feldes" oder „Glücksbohne" genannt.

Es ist eine alte Kunst der Japaner und Chinesen, aus den Sojabohnen durch Gärprozesse die verschiedensten Produkte herzustellen, wie zum Beispiel *Sojasoße*, *Tofu*. Durch diese Art der Verarbeitung wird auch erst das Eiweiß der Bohne aufgeschlossen und dadurch sehr bekömmlich. Bei uns erobern sich „Sojaquark" oder „Sojakäse" nur langsam die Herzen und Gaumen der Vollwertgenießer.

Tofu, der „Sojaquark", ist nicht nur wegen seiner wertvollen Mineralstoffe empfehlenswert, er ist auch fett- und kalorienarm und hat wenig Eigengeschmack, so daß man ihn praktisch überall einsetzen kann. Sie können ihn süß würzen oder salzig, zu Aufstrich und Cremes pürieren, aber auch braten, frittieren oder marinieren. Nur müssen Sie immer recht kräftig in den Würztopf greifen, damit diese gesunde, doch etwas fade weiße Masse Geschmack bekommt.

Weil sich Tofu gerade auch für die schnelle Küche eignet, habe ich eine kleine Anzahl von Tofu-Gerichten in die Rezeptesammlung aufgenommen. Sie erhalten Tofu fertig und in verschiedenen Arten in den meisten Naturkostläden und Reformhäusern. Manchmal gibt es ihn frisch, meistens aber eingeschweißt.

Die verschiedenen Tofuarten entstehen durch Zusatz verschiedener Gerinnungsmittel.

Weicher Tofu eignet sich besser für Gerichte, die weichen, zerdrückten Tofu benötigen, wohingegen der trockene und feste Tofu sich gut zum Kochen und Braten eignet.

Da ich lieber altbewährte Milchprodukte verwende, kommen die Tofuliebhaber in diesem Buch vielleicht ein wenig kurz. Merke: Es können alle meine Frischkäse-, Quark- oder Schafkäserezepte in Tofurezepte umgewandelt werden: einfach statt Milchprodukten Tofu nehmen. Dabei muß, wie gesagt, ein wenig tiefer in die Gewürzgläser gegriffen werden.

Gerne verwende ich allerdings Sojasoßen als Gewürz. Man kann damit sehr viele Gerichte pikant abschmekken, vor allem paßt sie ausgezeichnet zu Tofu-Gerichten.

Aber Vorsicht: Sojasoße ist nicht gleich Sojasoße. Sehen Sie sich am besten genau die Zutatenliste an. Gute Sojasoße sollte nur Sojabohnen, Getreide und Salz enthalten und nicht, wie es bei vielen Produkten vorkommt, auch Zuckercouleur, Geschmacksverstärker und Konservierungsmittel.

Ein weiteres Sojaprodukt, das in vielen Fällen sehr hilfreich sein kann, ist das Sojamehl. Es lockert beim Backen, aber auch bei Nudeln, Spätzle oder Pfannkuchen, den Teig auf, so daß man auch gänzlich auf Eier verzichten kann, was zum Beispiel bei einer

Tiereiweißunverträglichkeit notwendig ist. Es gibt freilich auch einige Sojaprodukte, die mit einer vollwertigen Küche so wenig zu tun haben wie ein Hamburger mit Eßkultur. Das sind Fertigprodukte, meist in Dosen, die mit ihren Produktnamen, ihrem Aussehen und zum Teil auch im Geschmack versuchen, die gutbürgerliche Fleischküche zu imitieren. Sie sind wohl für Leute gedacht, die, aus welchen Gründen auch immer, auf Fleisch verzichten wollen, doch immer wieder von Wiener Würstchen, Hausmacher Leberwurst, Hackbraten oder feurigem Gulasch träumen.

Trockenfrüchte

Trockenfrüchte sind Früchte, denen durch Dörren ein hoher Prozentsatz an Wasser entzogen wurde.

Dörren ist eine der ältesten Konservierungsmethoden.

In den südlichen Ländern liegen im Sommer Terrassen und Gärten voll weißer Tücher, belegt mit Trauben, Aprikosen, Birnen und Pflaumen, Bohnen, Pilzen und Tomaten, die in Luft und Sonne dörren.

Obst und Gemüse bekommen durch das Dörren einen neuen, eigenen Geschmack, der für Abwechslung auf dem Speisezettel sorgt.

Je nach Frucht sinkt der Wassergehalt von 95 Prozent bis auf 15 Prozent. Dadurch konzentrieren sich Zucker und Säuren, und die Frucht schmeckt intensiver. Auf dieselbe Weise kommt die Haltbarkeit zustande: Die geschrumpelten Früchte wirken mit ihrem hohen Zuckergehalt wie natürliche „Marmelade". Und weil sie kaum noch Wasser enthalten, können sich Fäulnisbakterien kaum vermehren. So ist doppelt vorgesorgt.

Die Frucht ist durch diese Konservierungsart nicht nur gut haltbar, es bleiben auch fast alle Vitamine und Mineralstoffe erhalten. Nur das Vitamin C geht verloren.

Im Handel bekommen wir die Trockenfrüchte nicht in so gesundem Zustand. Beim Trocknen werden die Früchte dunkel. Und dies, so meinen manche Händler, wirkt sich negativ auf den Verkauf aus. So setzen sie den Früchten vor dem Dörren Schwefel zu, was die helle Farbe der Früchte weitgehend erhält. Außerdem soll der Schwefel vor Pilzbefall schützen. Hier wird der Teufel mit dem Beelzebub ausgetrieben! Laut Weltgesundheitsorganisation darf Trockenfrüchten schweflige Säure bis zu 0,35 mg/kg zugesetzt werden. Bei empfindlichen Menschen führt dies aber zu Beschwerden, wie zum Beispiel Kopfschmerzen. Ungeschwefelte Trockenfrüchte sind in Naturkostläden oder Reformhäusern erhältlich, allerdings verhältnismäßig teuer.

In der Küche macht uns die Klebrigkeit der Trockenfrüchte beim Schneiden und Mixen zu schaffen. Oft bleibt alles an Messer und Behälter hängen und macht einige Mühe, es wieder zu entfernen. Der Trick für die „schnelle Küche": Pinseln Sie Messer und Behälter dünn mit Öl ein, dann bleibt kaum etwas kleben.

Würzhonig

Zwei Gewürze verwende ich bei der Zubereitung vor allem von süßen Speisen besonders gerne: die edle Vanille und die würzige Zitronenschale.

Leider ist das Auskratzen von Vanillemark aus der Schote nicht gerade das, was den Spaß am Kochen mehrt, wenn wieder einmal Eile angesagt ist, weil dabei sorgfältig auf sparsamen Umgang und möglichst große Ausbeute des teuren Gewürzes zu achten ist und man schließlich die Reste sorgfältig verschließen muß, um sie vor dem Austrocknen zu schützen.

Mit der Zitronenschale verhält es sich ähnlich: Die unbehandelte Zitrone muß sorgfältig gewaschen und die erforderliche Menge Schale in die Schüssel oder den Kochtopf gerieben werden. Die restliche Zitrone sollte am selben Tag weiterverwendet werden, sonst schrumpelt sie vor sich hin und verschimmelt.

Für süße Gerichte verwende ich oft auch etwas Honig, daher habe ich diesen süßen Stoff (siehe Seite 200 u. 211) als Geschmacksträger und Konservierer für meine Lieblingsgewürze ausgesucht.

Für den Vanillehonig schabt man das Mark in einen milden Honig (zum Beispiel Akazienhonig), schneidet

211

dann auch die Schotenrinde in Stücke und rührt sie ebenfalls hinein. Alles in ein Glas füllen und gut verschließen. Nach einigen Tagen hat sich das Vanillearoma im Honig verteilt.

Für den Zitronenhonig wird die abgeriebene Schale von etwa zwei bis drei Zitronen unter den Honig gerührt. Weiter verfahren wie beim Vanillehonig.

Organisation des Arbeitsplatzes

Mit einer guten Organisation am Arbeitsplatz läßt sich viel Zeit sparen. Dem tragen auch die neuen Einbauküchen Rechnung, die immer „offener" werden. Mehr Regale als geschlossene Schränke, mehr Leisten zum Aufhängen der Geräte. Es geht alles schneller, wenn zum Beispiel die Messer gleich über der Arbeitsplatte hängen und die Pfannen über dem Herd, als wenn die Gerätschaften vor jedem Gebrauch aus der untersten Ecke im Schrank hervorgeholt und nach dem Abspülen wieder unten verstaut werden müssen.

Holen Sie also einmal alle Geräte hervor, die Sie täglich brauchen, zum Beispiel den Schnellkochtopf, die Rührschüssel, die Kochlöffel, den Mixer samt Zusatzgeräten, Messer, Schneidebrett, Gemüseraspel, Salatschüssel und ein Sieb. Nun muß für diese Geräte dort Platz geschaffen werden, wo mit ihnen gearbeitet wird:

- Der Kochtopf wird in unmittelbare Herdnähe gestellt, und zwar so, daß er ganz schnell geholt und auch wieder zurückgestellt werden kann.
- Kochlöffel stellen Sie als Rechtshänderin in ein Gefäß rechts neben den Herd, als Linkshänderin entsprechend links neben den Herd.
- Die Rührschüssel steht auf der Arbeitsplatte oder daneben bereit.
- Der Mixer wird am besten an der Wand über der Arbeitsplatte angebracht.
- Messer, Schneidebrett, Gemüseraspel, Salatschüs-

sel und Sieb werden bei der Spüle plaziert. Hier kann das Gemüse geputzt, gewaschen, geschnitten und geraspelt werden, und Sie können Messer, Schneidebrett und die Gemüseraspel gleich nach Gebrauch abspülen. So klebt nichts an, und es setzt sich auch kein Geruch fest.

● Die Getreidemühle und die Waage sollten beim Getreidevorrat stehen, so kann man unnötige Wege vermeiden.

Auch bei den Kochzutaten läßt sich manches umorganisieren: Füllen Sie alles, von den Gewürzen bis zu Dingen wie Reis, Trockenpilze, Keimgut usw., in durchsichtige Schraubgläschen (manche Gewürze, wie zum Beispiel Curry, wollen dunkel aufbewahrt werden). So sehen Sie gleich, was Sie brauchen, und es müssen auch keine Tütchen mehr auf- und zugefaltet werden.

Praktische Küchengeräte

Getreidemühle

Getreide spielt in der Vollwertküche eine entscheidende Rolle. Und das nicht nur in ganzen Körnern; man möchte auch manchmal etwas „Feines" kochen oder backen, und dazu muß das Getreide gemahlen sein.

Das Vollkornmehl, Vollkornschrot oder Mischmehl, das es im Handel gibt, kann nicht so frisch sein wie erst bei Bedarf gemahlenes Korn. Wird das Getreide erst kurz vor der Verarbeitung gemahlen, sind noch alle Aromastoffe enthalten, und wir bekommen ein sehr schmackhaftes Produkt. Wird das Mehl länger gelagert, haben sich die Aromastoffe längst verflüchtigt. Auch alle anderen Inhaltsstoffe machen unter Einwirkung von Sauerstoff Umwandlungsprozesse durch. Vor allem die Fette im Vollkornmehl werden leicht ranzig. Es ist also in jedem Fall von Vorteil, das Getreide frisch zu mahlen. Und übermäßig Zeit geht dabei auch nicht verloren.

Allerdings sind die elektrischen Getreidehaushaltsmühlen verhältnismäßig teuer. Daher sollte man den Kauf genau überlegen und vorher prüfen, ob es nicht günstiger ist, sich die benötigten Mengen immer frisch im Naturkostladen um die Ecke mahlen zu lassen.

Hier ist eine kleine Checkliste der Fragen, die Sie vor dem Kauf unbedingt stellen sollten:

- Wieviel Mehl benötige ich meistens auf einmal?
- Wieviel Zeit brauchen die einzelnen Mühlen-Fabrikate zum Mahlen dieser Menge?
- Wie stark sollte der Motor sein, um nicht überbeansprucht zu werden?
- Welche Getreidesorten verwende ich hauptsächlich?
- Sind sie öliger wie Hafer oder Leinsamen oder eher trocken wie Roggen und Weizen?
- Welchen Feinheitsgrad sollte das Mehl haben?
- Brauche ich viel feines Mehl für Gebäck oder Nudeln, oder wird Schrot für Müslis, Salate, Aufläufe und Bratlinge benötigt?
- Besitze ich eine Küchenmaschine, für die es Mühlenaufsätze gibt?

Wenn Sie diese Fragen stichwortartig beantwortet haben, können Sie eine Verbraucherberatungsstelle aufsuchen, wo man Sie über die für Sie optimale Mühle informieren wird.

Was sich fast immer lohnt, ist die Anschaffung einer kleinen Handmühle. Damit kann man jeden Tag das Getreide für das Frühstücksmüsli schroten und auch jederzeit kleine Mengen gleich in den Kochtopf mahlen, etwa zum Binden von verschiedenen Teigmassen oder Eintöpfen.

Rohkostraspel

Ein Zerkleinerungsgerät für Gemüse und Obst ist in der Vollwertküche unentbehrlich. Das einfachste ist ein gutes Messer. Wenn es schnell gehen muß, man nur ganz grobe Rohkost anbieten will (s. Seite 206 f.), ist das Messer sicher das richtige Hilfsmittel.

Für feinere Rohkost, zum Beispiel Karottenraspel, dünne Gurkenscheiben oder Selleriestiftchen, stehen ganze Regale voll küchentechnischer Errungenschaften zur Verfügung. Falls nicht allzu große Mengen der einzelnen Gemüse- und Obstsorten gebraucht werden, verwende ich am liebsten einen stabilen Universalküchenhobel mit verschiedenen, auswechselbaren Schneide- und Raspeleinsätzen. Der Hobel steht immer am Arbeitsplatz bereit, ist also schnell zur Hand, nach dem Schnetzeln leicht zu spülen und sofort wieder einsatzbereit.

Raspeln mit Handkurbel sind nicht so flexibel zu handhaben, und zur Reinigung müssen sie auseinandergebaut werden.

Der Einsatz einer Küchenmaschine lohnt sich nach meinen Erfahrungen wirklich nur für ganz große Mengen. Wenn Sie täglich sehr viel Rohkost zerkleinern müssen, eignet sich sicher am besten eine gut und schnell zu reinigende Raspelmaschine für Sie, die dann auch ihren festen Platz am Arbeitsplatz bekommen kann. Bei Zusatzgeräten zu universellen Küchenmaschinen ist meist erst ein Umbau nötig.

Schneidestab

Den Schneidestab gibt es als Zusatzgerät zu manchen Handmixern. Mit einem einzigen Handgriff kann er wie Schneebesen oder Teigquirl angebracht und nach Gebrauch ebenso schnell wieder abmontiert, abgespült und aufgeräumt werden. Er nimmt wenig Platz ein und ist deshalb auch in kleinen Küchen eine praktische Hilfe. Überdies ist so ein Schneidestab billiger als ein Mix- oder ein Zusatzgerät zu den Küchenmaschinen. Große Mengen zu pürieren oder zu mixen geht mit einem Mixgerät allerdings schneller und exakter.

In meiner Vollwertküche ist mir der Schneidestab zum fast unentbehrlichen Helfer geworden, besonders wenn es schnell gehen muß. Brotaufstriche sind damit im Nu fertig, aber auch ein leckerer Milchshake oder die Quarkspeise.

Übrigens können Sie ganze Getreidekörner, zum Beispiel für Salate, für Aufläufe, für Pfannengerichte usw. auch auf Vorrat kochen. Im geschlossenen Topf im Kühlschrank halten sich die fertigen Körner einige Tage.

Geben Sie dem Kochwasser im Dampfdrucktopf immer einige Tropfen Öl bei, damit das Ventil des Deckels nicht verstopft.

Töpfe und Pfannen

Kochtopf ist nicht gleich Kochtopf. Die Unterschiede betreffen beileibe nicht nur Design, Dekor, Größe und Preis. Der Unterschied der Materialien und Formen ist nicht nur für Energiesparer, sondern auch für Zeitsparer von eminenter Wichtigkeit.

Wenn wir von den bei uns meistgebrauchten Elektroherden mit Kochplatten oder Ceramfeldern ausgehen, sollten wir beim Kauf des Kochgeschirrs unser Augenmerk zuerst auf den Topfboden richten. Er sollte ganz eben und schwer sein und mit dem Durchmesser der Schnellkochplatte übereinstimmen.

Weitere Kriterien: leicht zu reinigen und ein gut schließbarer Deckel. Dasselbe gilt auch für Pfannen. Die Kochgefäße sollten Sie nicht zu klein wählen, damit unsere praktischen „Eintöpfe" genug Platz darin finden. Mit dem gut abschließbaren Deckel ist gewährleistet, daß kaum Hitze und Dampf entweichen; der Dampf „regnet" immer wieder als Kondenswasser zum Kochgut zurück, das heißt, Sie können mit wenig Wasser arbeiten. So werden die Kochzeit verkürzt, die Nährstoffe geschont und Energie gespart.

Praktisch ist für die schnelle Küche auch ein *Schnell*

koch- oder Dampfdrucktopf, vor allem für Getreidege-
richte, aber auch Reisgerichte und Kartoffeln.
Mit dem Dampfdrucktopf läßt sich die Garzeit auf etwa ein Viertel reduzieren. (Durch längeres Einweichen
der Körner reduziert sich die Garzeit!).

Register der Rezepte

Register

Register der Zutaten und Gewürze

Dieses Register hilft Ihnen, wenn Sie
– Zutaten haben, mit denen Sie schnell etwas Gutes zaubern möchten,
– wenn Ihnen der Duft eines bestimmten Gewürzes oder Krautes in die Nase
gestiegen ist und Sie gerade damit ein Gericht machen möchten.
Die Ziffern hinter den Begriffen verweisen auf die Nummern der Rezepte.

Kleines Sachregister

Hier finden sie Hinweise auf Stellen im Buch, wo Sie zu einzelnen Fragen im Umkreis der Vollwerternährung nähere Auskunft erhalten. Die Ziffern verweisen hier auf die Seitenzahlen.